KB247683

CONTENTS

풀이법 ········ 002

PART A ········ 005

PART B ········ 037

PART C ········ 081

해답 ········ 107

제우미디어

풀이법

설명의 순서대로 한 번만 따라 칠해보면 로직해법을 마스터할 수 있습니다!

기본 규칙

- 숫자는 '연속해서 칠할 수 있는 칸의 수'를 의미한다.
- 한 줄에 여러 개의 숫자가 있을 때는, 숫자와 숫자 사이에 반드시 한 칸 이상을 띄고 칠해야 한다.
- 칠할 수 없는 칸은 ╳로 표시한다.
- 완성된 숫자는 ◯로 표시한다.

1

문제의 크기는 5x5이다.

❶은 세로 다섯 칸 중 세 칸을 연속해서 칠해야 한다는 뜻이다.

❷는 두 칸을 칠한 후, **한 칸 이상을 띄고** 다시 두 칸을 칠해야 한다는 뜻이다.

2

5는 다섯 칸을 연속해서 칠해야 한다. 다섯 칸을 모두 칠하고, 완성된 5에 ◯로 표시한다.

3

위쪽의 3은, 세 칸이 연속해서 칠해져야 하니 맨 밑줄은 칠할 수 없게 된다. X로 표시한다.

4

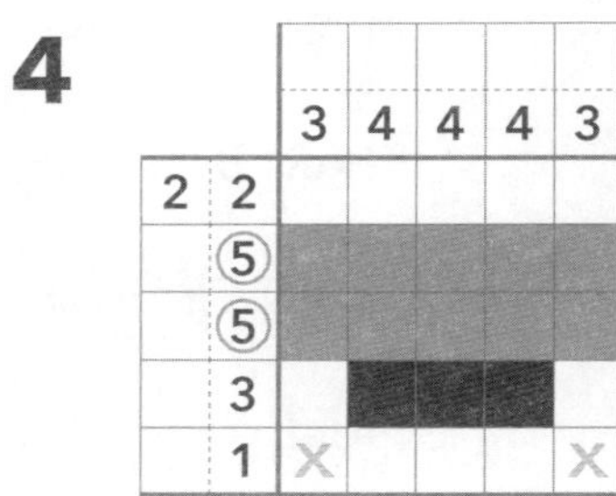

위쪽의 4는, 네 칸이 연속해서 칠해져야 한다. **경우의 수를 따져보면** 네 번째 줄을 칠할 수 있다.

잠깐!

이 경우, 세 칸을 연속해서 칠할 수 있는 경우는 A, B 두 경우이다. 그러므로 칠할 수 없는 마지막 칸은 X로 표시한다.

잠깐!

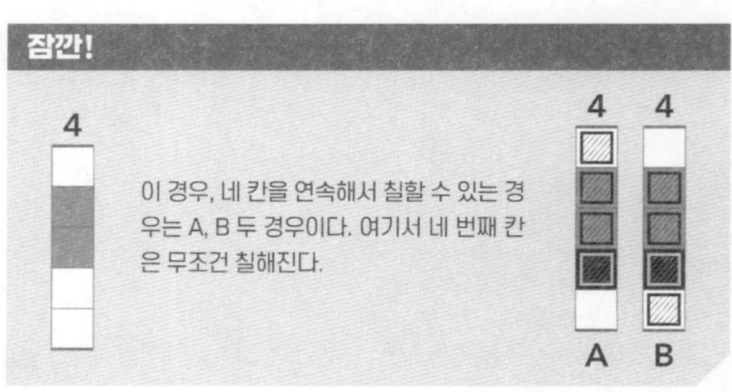

이 경우, 네 칸을 연속해서 칠할 수 있는 경우는 A, B 두 경우이다. 여기서 네 번째 칸은 무조건 칠해진다.

5

왼쪽의 3이 완성되었으니 숫자에 ○로 표시하고, 네 번째 줄의 양 옆을 ×로 표시한다.

6

위쪽의 3을 다시 보면 네 번째, 다섯 번째 칸이 ×로 표시되어 있다. 그럼 첫 번째 칸을 칠해야 3이 완성된다. 완성된 3은 ○로 표시한다.

7

왼쪽의 2는 두 칸이 연속해서 칠해져야 하니, 두 번째 칸과 네 번째 칸을 칠할 수 있다. 세 번째 칸은 ×로 표시하고, 완성된 2는 ○로 표시한다.

8

이렇게 되면 위쪽의 두 번째, 네 번째가 완성된다. 완성된 4를 ○로 표시하고 맨 밑줄은 ×로 표시한다.

9

이제 남은 것은 위쪽의 4와 왼쪽의 1이다. **맨 밑줄의 남은 한 칸을 칠하면**, 위쪽의 4이자 왼쪽의 1이 완성된다.

잠깐!

네모 로직의 문제 크기가 큰 경우, **큰 숫자부터 공략하는 것**이 쉽다.
예를 들어 문제가 10x10이고 한 줄인 열 칸 중에서 아홉 칸을 연속해서 칠해야 할 때,
전체 칸 수(10) - 해당 칸 수(9) = **빈 칸 수(1)**
이 공식을 이용하면 경우의 수를 쉽게 풀 수 있다. 여기서는 1이 나왔으니 **위아래 한 칸씩**을 비우고 가운데 여덟 칸을 칠한다.

중요한 로직 풀이 TIP!

문제의 크기가 큰 로직 중에는 위의 설명만으로 해결되지 않는 것이 있다. 그럴 때 이것만 기억해 두면 손쉽게 풀 수 있다.

위에서부터 칠했을 때와 아래에서부터 칠했을 때 겹쳐지는 칸이 어디인지를 찾는다. 이때 숫자의 순서는 반드시 지켜야 하며 점을 찍어가며 생각하면 편하다.

❶ 한 칸에 점을 찍고, 한 칸 띄고 6칸에 점을 찍는다.
❷ 뒤에서부터 6칸에 점을 찍고, 한 칸 띄고 한 칸에 점을 찍는다.
❸ 겹치는 부분을 찾아 칠한다.

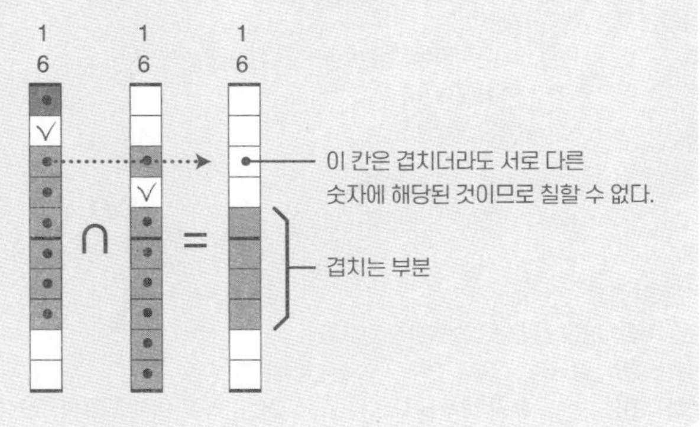

네모네모 로직® 플러스 고급편 6

네모네모로직은 대한민국에서 (주)제우미디어의 상표 또는 등록상표입니다.
이 책의 모든 저작권은 (주)제우미디어에 있습니다. 책 내용 중 전부 또는
일부를 무단 복제, 복사, 전재시 저작권법에 저촉됩니다.

초판 1쇄 펴냄 2025년 9월 18일

편　　저 | 제우미디어
발 행 인 | 서인석
발 행 처 | 제우미디어
등 록 일 | 1992. 8. 17
등록번호 | 제 3-429호
주　　소 | 서울시 마포구 독막로 76-1 한주빌딩 5층
전　　화 | 02) 3142-6845
팩　　스 | 02) 3142-0075

I S B N | 979-11-6718-578-5
978-89-5952-895-0 (세트)

만든 사람들

출판사업부 총괄 김금남 | **책임편집** 민유경
기획 신은주, 장재경, 안성재, 최홍우 | **제작** 김용훈
문제 디자인 나영 | **표지·내지 디자인** 디자인그룹올 | **표지·내지 조판** 디자인수

※ 값은 뒤표지에 있습니다.
※ 파본은 구입하신 서점에서 교환해 드립니다.

A1 말을 따라 하는 똑똑한 새예요

난이도 ★☆☆☆☆

30×30

열	힌트
1	5 4 1
2	5 5 1
3	5 5 1
4	4 1 1
5	3 1 1
6	3 6 1 1
7	3 2 4 1 1
8	7 2 4 2 1 1
9	1 15 2 1 1
10	2 4 2 3 2 3
11	1 1 9
12	1 2 2 5
13	1 2 4 2
14	2 3 2
15	1 1 2 1
16	1 2 1 1 1
17	1 2 1 1 4 3 4
18	3 5 6 7
19	7 1 4 5
20	1 2 1 2 5 4 2 2
21	1 5 5 1
22	2 3 3 2
23	3 5 3 1 2
24	3 5 1 3
25	7 3 1 1
26	3 2 1 1
27	6 2 1 1 1
28	2 5 4 1 1 1
29	5 5 4 1 3
30	8 10 1 1

행	힌트
1	7 1
2	5 2 2
3	3 5 3
4	1 3 2 3
5	3 2 2 2
6	4 2 5 2
7	6 2 1 1
8	5 2 3 1
9	1 2 3 4
10	2 3 5
11	3 2 4
12	3 1 1 1 4
13	2 1 1 1 2 2
14	1 2 2 2 1 1
15	1 1 2 2 2 2 2 1
16	2 1 2 1 2 1 1 4
17	3 1 2 1 1 1 1 3
18	3 2 1 2 3 1 3
19	3 1 2 2 2 1 2
20	2 1 1 2 4
21	1 2 2 2 1 2 2
22	4 2 2 1 2 2
23	5 5 2 2 2
24	4 2 2 1 5
25	3 5 6 2
26	30
27	3 3
28	30
29	4 3 3 1
30	6

A2 멀리 있는 과녁을 맞혀요

난이도 ★☆☆☆☆

30×30

									2	3	3	3	3	4	4	3	4						1						
	2	4	4	4	11	3	2	2	3	2	2	2	3	2	2	3	2	5	4			3	3	1					
2	3	7	6	5	5	9	3	4	2	1	2	1	2	1	2	1	2	1	1	6		14	9	3	4	4	7	5	3
1	1	1	1	1	1	1	2	2	2	2	2	2	2	2	2	2	2	1	3	7	24	3	2	1	2	2	2	2	2

		3	4
		12	7
		14	5
	5	6	5
1	4	3	2
1	4	3	1
1	4	3	1
		1	6
		1	5
		1	4
		1	6
	2	3	3
	1	4	3
	1	3	2
	1	3	3
	1	3	3
	1	3	3
		4	3
		4	3
		8	3
	5	3	3
	6	3	3
	6	3	3
	3	3	3
		2	6
		1	2
			3
			5
	11	5	5
	19	3	6

A3 무섭지만 사실 우리 몸속에도 있어요

난이도 ★☆☆☆☆

30×30

Col	Clue
1	5 4
2	1 2 2 1
3	3 1 1 3
4	1 2 1 1
5	1 2 2 1
6	2 1 9 2 2
7	5 3 2 2 5
8	6 2 4 4 1
9	8 3 4 7
10	6 5 1 5 3
11	3 3 5 1 6
12	6 5 4 5
13	6 3 2 4
14	6 3 4 5
15	5 3 2 5
16	4 1 3 4 5
17	6 3 2 3 1
18	6 5 4 5
19	2 3 5 1 1 6
20	7 5 1 5 3
21	7 3 12
22	1 6 3 7
23	6 4 2 2 5
24	4 8 2 5
25	1 2 2 2
26	1 3 2 1
27	1 2 1 1
28	3 1 1 3
29	1 2 2 1
30	4 4

Row clues (top to bottom)

Row	Clue
1	7 4 13
2	1 16 2 1
3	3 12 5 3
4	1 4 13 1
5	1 10 7 1
6	1 16 2
7	2 1 3 3 4
8	4 2 2 2
9	4 1 2
10	2 3
11	2 2
12	1 3 3 1
13	1 5 5 1
14	1 5 5 1
15	1 5 5 1
16	1 3 1 3 1
17	2 3 2
18	2 3 2
19	3 1 1 4
20	2 3
21	3 1 1 1 1 1 2
22	2 13 2
23	2 1 7 2 2
24	4 2 1 1 1 1 3 4
25	2 4 5 2
26	1 18 1
27	1 3 9 4 1
28	3 18 3
29	1 2 8 8 1
30	10 9 5

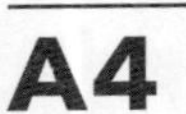

A4 모든 사람에게 사랑을 전파해요

난이도 ★☆☆☆☆

30×30

1	2	3	4	5	6	7	8	9	10	11	12	13	14	15	16	17	18	19	20	21	22	23	24	25	26	27	28	29	30
				6	8	2																	1	8					
		2	3	2	1	4	1				3	1					5	3				2	4	2	6	3	3		
		3	3	2	2	1	4	3		4	3	3	6		7	6	2	3		3	3	3	2	1	2	3	3		
	8	2	2	2	1	1	1	2		4	6	3	3		3	3	6	3	3	1	2	1	1	2	2	2	2	9	
16	3	3	2	2	2	2	1	2	4	3	1	8	6	6	6	7	1	3	1	1	2	1	2	2	2	2	3	3	18
3	8	5	5	2	2	2	2	3	4	1	1	2	4	13	3	1	1	1	4	3	3	2	2	3	5	5	2	7	3

Row clues
4 3
3 1 2 2 2
4 2 2 3 1 6
5 1 1 6 2 6
2 3 1 8 1 3 2
2 2 12 3 2
2 3 1 6 1 3 2
2 2 1 4 2 3 2
2 2 2 2 1 2 3
3 2 1 2 2 4
4 1 2 2 2 2 1
1 3 2 1 1 2 1
1 3 1 2 2 3 1
2 1 1 2 2
2 2 2 2
4 2 2 4
1 4 4 4 3 1
1 3 9 2 1
2 9 2
3 8 3
4 7 5
8 4 8
2 1 2
3 1 1 3 4
8 1 8
6 2 1 2 4
2 2 2 2 2
3 3 3 4 3
7 4 7
20

A5 등에 집을 짊어지고 다녀요

난이도 ★☆☆☆☆ (½)

35×35

																							4	4										
														3				4			4	4	1	1	4	4								
			5	1	3	2								1	2		1	2	4	4	1	1	2	2	1	2	5	5		7	8			
		3	2	1	4	2	6					5		2	2	3	1	4	1	1	2	2	3	2	2	2	1	2	6	3	10	8		
	1	3	7	1	3	5	1	4	2	4	2	5	1	4	2	2	7	5	3	3	3	5	2	2	2	3	8	4	2	4	1	5	8	
8	4	6	4	5	3	1	1	2	2	1	3	3	21	3	2	1	1	2	5	4	3	2	2	2	2	2	2	1	3	1	2	3	2	8
2	4	5	6	8	3	3	3	3	3	3	3	4	4	4	5	5	5	6	6	6	6	6	6	6	6	5	6	5	6	4	4	4	5	6

				2	4	4	18
		1	2	3	2	3	17
		1	4	1	4	1	17
		1	2	2	2	2	17
				2	5	5	8
	3	1	1	1	1	9	6
4	1	2	2	1	3	3	5
4	2	1	1	2	2	2	4
				1	3	4	2
				1	3	3	1
				2	2	6	2
				2	2	9	1
		1	4	1	3	2	2
		2	2	2	2	2	2
		1	2	1	2	2	2
		1	2	2	4	2	2
		2	2	1	4	2	2
		2	1	1	2	2	1
			1	2	2	6	2
			2	2	2	4	2
				2	2	2	2
				2	2	3	5
			2	2	3	4	2
				1	2	9	2
					2	11	3
					1	4	3
						1	10
						2	13
						2	15
						4	17
					4	13	2
					4	14	1
						23	1
							22
							20

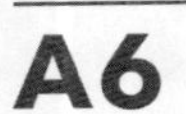

A6 책상 옆에서 불을 밝혀줘요

난이도 ★☆☆☆☆

35×35

Col	Clues
1	2 2
2	2 2
3	2 2 2
4	2 4 2
5	2 3 3 2
6	2 4 2 2
7	2 4 2 2
8	2 4 2 2
9	2 3 3 5
10	1 3 6 3 3
11	2 5 3 2 2 2
12	2 5 2 2 4
13	2 5 4 3
14	6 4 1 1 1
15	3 7 1 1 1
16	2 12 1 1 1
17	2 8 3 1 1 1
18	6 2 1 1 1
19	2 2 1 1 1
20	20 2 1 1
21	2 18 2 1
22	4 7 3 1
23	10 17
24	3 9 2 14
25	5 8 2 9 2
26	7 7 6
27	1 7 4 2
28	2 7 2 3 2
29	2 8 7 1 2
30	2 10 3 2
31	2 8 2
32	2 4 2
33	2 2 4
34	2 5
35	2 3

Row clues (top to bottom):

Row	Clues
1	10 13 9
2	9 16 8
3	3 2 1 1 5
4	1 1 1 1 2 3
5	2 2 2 1 1 3
6	1 2 2 2 2 3
7	2 1 1 2 2 3
8	1 2 2 2 2 4
9	2 2 2 2 2 3
10	2 1 2 2 3 4
11	2 2 2 2 2 3
12	2 2 2 2 2 4
13	2 1 2 2 3 3
14	2 2 2 2 3 3
15	2 2 2 2 2 4
16	2 2 2 2 3 4
17	3 2 3 2 3 4
18	8 4 3 7
19	4 22
20	4 9 1
21	1 3 1
22	14 1
23	3 6 1
24	1 4 3
25	2 4 1 1
26	1 4 3
27	1 4
28	9 4
29	10 9
30	1 11
31	2 4 3
32	2 4 2
33	13 3
34	3 3 2
35	15 2

A7 단단한 껍질 안에 달콤한 물이 들어 있어요

난이도 ★☆☆☆☆

35×35

Column	Clues
1	4 2
2	4 2
3	2 7 2 3
4	3 11 5
5	4 2 10 4
6	2 2 1 10 3
7	2 1 2 10 1
8	3 4 1 11
9	9 2 12
10	2 1 1 2 12
11	1 5 2 4 12
12	2 12 11
13	3 2 4 3 11
14	3 2 1 2 1 11
15	1 3 1 5 11
16	1 3 1 5 11
17	1 2 1 3 1 2 7
18	3 3 1 2 4
19	2 3 3 1 3
20	3 5 1 3
21	3 7 2 3
22	3 5 3 2 3
23	3 3 2 1 2
24	2 3 1 1 2
25	1 3 2 2 2 2
26	1 2 7 1 2 4
27	2 1 9 2 6
28	1 2 7 2 5 2
29	2 1 16 3
30	1 1 17 3 3
31	1 7 3 3 3 3 3
32	2 5 4 3 3 2 2
33	8 4 3 3 3 2
34	7 4 3 3 3
35	5 4 4 2 2

Row clues (left to right)

Row	Clues
1	1
2	2
3	4 3
4	2 3 3
5	1 1 2 7
6	12 2 4 3
7	3 3 2 1 2 4 2
8	3 1 6 2 1 1 4
9	2 1 2 3 1 2 2 3
10	2 2 6 2 1 2 4
11	2 2 4 1 2 3 3 1
12	10 2 1 4 3 2
13	4 2 2 1 2 3 2 3
14	9 3 3 1 4
15	5 1 5 4 3
16	3 7 2 9
17	3 2 4 3 6 1
18	2 4 3 4 4 2
19	2 4 2 4 2 4
20	2 10 7
21	3 8
22	4 7
23	8 4 2 4
24	9 2 7
25	19 6
26	15 3
27	13 2 3
28	13 8
29	2 13 8
30	3 13 5
31	4 12 3
32	2 2 12 3 5
33	4 26
34	7 16 6
35	6 12

A8 가운데 구멍이 나 있는 달콤한 간식이에요

난이도 ★☆☆☆☆

35×35

열	단서 (위→아래)
1	7
2	5 8
3	17
4	19
5	1 3 3 3 6
6	2 14 4
7	1 5 14
8	2 9 6 2
9	1 11 2 5
10	5 1 2 4 2 8
11	3 3 5 2 7
12	5 2 7 1 5 1
13	6 1 7 2 5 1
14	2 4 2 2 5 4 2 1
15	2 5 2 3 4 8 1
16	2 2 2 17 1
17	1 3 2 11 4 1
18	1 5 3 3 1 10 2
19	2 5 3 13 1
20	3 5 3 6 5 2
21	2 5 1 2 9 2
22	2 3 1 2 4 2
23	1 5 1 4 5
24	1 5 1 1 10 1
25	2 5 1 1 1 1 1
26	3 5 1 2 1 2 1
27	2 5 2 2 1 4 1
28	1 4 1 1 1 2 1
29	2 5 1 3 1 2 1
30	2 3 1 3 1 2 1
31	2 4 1 1 2 3 2
32	1 4 2 2 2 2 2
33	6 3 2 3 2 2
34	8 2 3 2 4
35	4 6 5

행	단서 (왼→오른)
1	15
2	5 4 3 5
3	4 2 1 2 1 1 2 2
4	3 4 4 3 4
5	20 5
6	1 4 18
7	1 3 4 5 7
8	1 2 3 3 3 1
9	2 2 2 1
10	2 2
11	8 2
12	3 5 8
13	3 12 2
14	2 4 3 1
15	9 3 3 3 1
16	8 4 6 2 2 1
17	12 4 2 2 2 3
18	4 13 1 3 2
19	6 13 2 2
20	1 12 2 3 1 3
21	9 10 11
22	4 4 4 3 1 2
23	7 1 8 1 1 1
24	7 2 8 1 2 2 1
25	6 2 4 2 1 7 1
26	3 3 3 8 4 2 3
27	9 9 1 2 1
28	9 3 4 2 1
29	3 2 11 1 2
30	18 1 3
31	10 5 11
32	3 10 3
33	11 2
34	4 3
35	8

A9 불을 켜고 꺼요

난이도 ★☆☆☆☆

35×35

									8													1												
						3		8	1	5		2					5	4				2	1											
					7	3	8	1	1	2	8	5			6	4	1	2	4	3	2	1	1	3	3									
1			8	8	1	1	1	1	1	1	1	1	8	7	4	2	1	3	1	1	3	1	1	1	1	4						1		
3	8	7	1	1	1	1	1	4	4	3	3	3	8	2	2	2	1	2	4	4	5	3	2	1	1	1	1	2	3	4	5	3		3
2	1	1	13	13	1	1	4	1	1	4	3	3	3	3	2	3	3	3	2	5	2	4	5	2	2	3	4	3	2	2	2	2	6	2
19	2	2	2	2	2	2	2	4	3	2	2	1	2	1	1	1	1	2	2	2	2	2	2	7	2	1	5	5	4	3	3	1	5	3

			5	10	6	2	7
				21	2	4	2
				12	8	6	6
			6	13	2	3	5
				18	1	3	3
				9	5	13	2
				15	3	4	1
			2	3	7	2	3
						1	2
					1	11	2
			14	2	4	5	2
				1	1	7	8
					1	1	14
				1	8	1	8
				1	2	1	1
				1	2	4	1
			1	2	1	1	1
				1	2	1	4
			1	2	2	1	5
		1	2	1	2	2	2
		1	2	1	1	2	3
		1	2	2	2	1	3
	1	2	1	1	2	1	1
	1	2	4	2	1	1	1
1	2	1	2	1	1	1	2
				1	5	1	1
				1	2	2	1
				1	1	1	1
					9	1	2
						9	1
						1	1
						2	1
						2	1
						3	8
							14

A10 벽에 시계를 다는 데 필요해요

난이도 ★☆☆☆☆

40×30

Column	Clues
1	9 2 2 2 3
2	7 4 2 3
3	2 5 4 2 3
4	3 4 2 2 3
5	4 2 4 3
6	5 2 5 3
7	9 5 3
8	9 1 2 3
9	7 2 2 3
10	6 2 2 3
11	6 1 5 3
12	6 1 2 3
13	5 1 1 3
14	5 2 6 3
15	7 1 1 3
16	7 2 4 3
17	2 3 2 10 3
18	4 5 7
19	4 1 5
20	1 2 2 4
21	1 5 3
22	2 4 3
23	1 7 3
24	1 2 4 2
25	1 2 2 2
26	2 3 1 2
27	1 2 2 2
28	2 1 2 2 2
29	3 1 3 1 2 2
30	3 3 2 1 6 2
31	4 3 2 1 4 1
32	4 6 2 5 1
33	11 1 5 1
34	11 3 2 1 5
35	15 2 1 1
36	12 1 2 1 5
37	10 1 2 2 2
38	9 2 2 5
39	8 7
40	5 3

Row	Clues
1	13
2	1 13 4
3	2 13 7
4	3 12 7
5	4 12 6
6	5 6 3 6
7	9 2 6
8	4 3 2 9
9	2 4 2 9
10	1 6 2 14
11	3 2 5 8
12	7 12
13	3 15
14	1 2 7 6
15	2 7 7
16	2 1 3 3 2
17	3 1 2 3 2 2
18	4 1 2 4 5 4
19	4 1 1 2 2 3 2 3
20	3 1 1 5 5 2
21	6 1 5 1 1 2
22	7 5 2 1 1 2
23	2 7 2 4 2
24	3 2 8 2
25	2 5 1 1
26	2 5 4
27	3 2 1 2
28	23 1 1 3
29	30 1 5
30	40

A11 줄을 튕기면 멋진 소리가 나요

난이도 ★☆☆☆☆

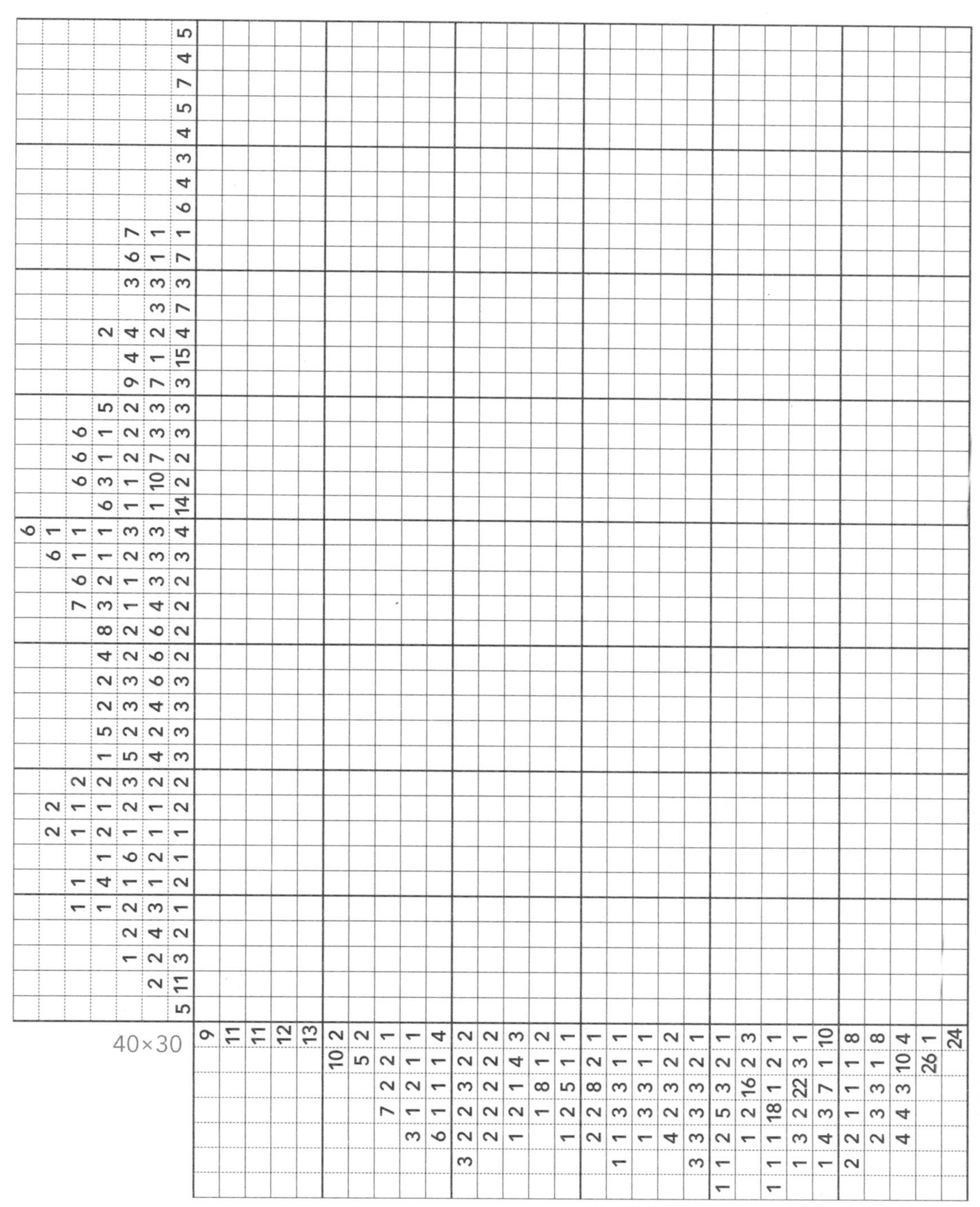

A12 소중한 한 표!

난이도 ★★☆☆☆ (1.5)

40×30

Column clues:

Column	Clue
1	36
2	36
3	2 2
4	2 2
5	2 20 2
6	2 4 7 2
7	2 3 3 6 2
8	2 1 5 1 2
9	2 1 1 3 1 2
10	6 3 1 9
11	1 3 1
12	1 6
13	1 3 2 4
14	1 2 1 1 2 2
15	1 1 2 2 1 1
16	1 2 1 1 2
17	7 2 2
18	2 1
19	1 1
20	2 5
21	2 1 3
22	3 2 3
23	3 2 5
24	3 2 6
25	2 2 7
26	3 8
27	2 9
28	12
29	11
30	10

Row clues:

Row	Clue
1	3
2	4
3	2 2
4	2 2
5	2 2
6	2 2
7	2 2
8	2 2
9	2 1 1
10	2 2 1
11	2 3 1
12	2 3 1
13	2 13
14	2 1 1
15	2 1 3 1
16	2 1 2 2 1
17	2 1 5 1
18	2 1 3 1 4
19	2 1 3 2 3
20	2 1 1 3
21	2 11 2
22	2 3 1 1 3 2
23	2 3 1 2 1 2
24	2 3 1 4 2
25	2 3 1 1 2 2
26	2 3 1 3 1
27	2 2 1 3 2
28	2 1 1 1 3
29	2 2 2 3
30	2 2 3 2 2
31	2 2 2 2 3
32	2 2 4 2 4
33	2 2 1 2 5
34	2 2 3 6
35	4 1 7
36	3 2 8
37	10
38	10
39	9
40	8

A13 1등 하면 받는 멋진 선물이에요

난이도 ★☆☆☆☆

40×40

															1																								
														1	2	1		1										2											
						1								2	1	1	2	2	1								2	1	1						3				
						1							1	1	1	2	2	1	2	2				1	2	7	6	2	11					2	2	2			
					1	1	2						2	1	1	2	2	2	2	1			7	1	2	4	1	11	1		2			2	7	2	3	2	
			1	1	3	2	7					1	2	1	1	5	4	1	3	4		3	2	2	2	2	12	2	2	2	2	3	3	7	5	8	9	8	
		2	2	3	2	2	3			13	2	4	2	1	1	1	3	2	4	2	1	3	2	2	2	5	2	2	2	26	11	2	2	3	1	10	4	4	9
6	2	4	3	2	5	1	2	20	20	6	6	2	5	1	1	1	1	1	1	1	7	2	1	4	2	2	1	1	1	2	6	10	7	1	1	2	2	3	4
1	3	2	2	2	2	4	4	3	4	4	7	9	1	4	1	1	1	1	4	2	4	1	2	2	4	2	1	1	1	2	4	3	1	6	1	2	4	2	3
2	3	4	4	4	1	6	7	8	8	9	10	8	1	1	1	1	1	1	1	1	7	4	6	2	2	2	2	2	2	2	2	2	11	2	2	2	3	3	7

								6	7
						2	2	3	6
				2	4	1	7	1	6
				1	4	5	4	4	4
			1	1	7	3	2	5	3
			1	1	4	1	2	7	1
		1	2	4	2	2	2	3	2
			2	1	4	1	3	2	4
				1	2	4	3	4	3
				2	2	4	1	3	3
			2	2	4	1	2	2	4
					2	6	5	2	4
				2	6	2	1	3	5
				1	9	1	2	4	4
		2	11	2	2	2	2	3	1
	2	5	3	1	2	3	2	4	1
			1	3	5	4	2	4	2
				12	2	2	2	7	2
			6	4	1	2	2	6	2
					4	5	2	5	2
					4	2	2	5	2
					3	2	2	5	2
						5	2	7	2
					6	2	1	3	2
					1	3	4	1	3
		8	2	1	1	6	7	3	2
		10	2	2	4	1	1	7	2
	5	5	6	1	4	1	2	1	2
			1	9	2	1	7	6	1
							2	1	13
						7	2	3	2
				2	2	2	5	5	2
			13	1	2	2	2	2	1
		6	2	1	1	1	2	1	1
	7	6	1	1	1	1	2	1	1
7	1	1	1	1	2	2	2	2	1
		7	1	1	1	2	5	4	2
				7	6	1	2	2	3
							7	1	14
							16	6	5

A14 먼지와 쓰레기를 쓸어내요

난이도 ★☆☆☆☆

40×40

Column	Clues
1	1 1 1 1 1 1 5
2	1 3 1 1 1 5
3	1 5 1 4 2 1 5
4	1 5 1 3 2 4 1 5
5	1 1 4 1 2 2 1 6 1 5
6	1 1 1 6 1 1 2 5 1 5
7	1 1 1 3 1 2 2 4 1 5
8	1 6 6 2 5 1 3 1
9	9 2 2 2 4 1 2 1
10	13 5 4 1 2 1
11	16 11 1
12	4 3 1 4 4 3
13	3 1 1 1 4 4 2
14	3 1 1 1 4 12
15	2 2 2 1 3 4 1 3 1
16	3 1 5 3 4 1 5
17	4 4 6 7 5
18	20 2 4 5 1
19	1 5 2 1 1 4 3 1
20	1 1 1 1 2 1 2 4 2 1
21	1 1 1 1 16 6 1 1
22	1 1 1 1 1 2 6 3 3
23	1 1 1 1 1 2 2 5 3 2
24	1 1 1 1 1 2 2 4 2 1 5
25	1 1 1 1 1 5 2 3 4 2 2
26	1 1 1 4 2 8 3 2 7
27	11 2 2 3 1 4
28	11 2 1 1 2 2
29	11 2 5 2 1 1
30	2 5 2 2 1
31	3 1 1 1 2 1 1
32	6 1 2 1 1 3
33	8 1 4 2 2
34	2 2 1 4 1 2
35	2 2 1 1 1 1 2
36	8 3 1 1 1 1 2
37	2 5 2 2 4 1 1 4
38	7 2 2 9 4
39	4 5 2 2 1 6 5
40	2 8 3 7

Row clues (left to right)

Row	Clues
1	7 3
2	29
3	6 3 3 2
4	12 13 4
5	3 4 1 1 2 3 4
6	11 1 12 2
7	3 4 2 3 3 1
8	12 14 1
9	14 4 3
10	2 4 5 4 1 1
11	6 2 1 12 1 1
12	1 7 1 2 1 1
13	2 3 1 1 8 2 2
14	2 5 1 1 9 1 1
15	1 1 3 1 1 1 3 1 1
16	3 1 5 1 1 1 2 1 1
17	1 6 4 1 1 2 2 1 1
18	1 3 9 1 2 1 1
19	2 2 1 5 1 4 9
20	4 2 3 1 4 8
21	2 2 1 1 1
22	2 1 2 1 4
23	2 2 3 1 6
24	2 4 2 2 5
25	1 3 2 3 1
26	3 6 12
27	6 5 2 2
28	9 7 2 2 2
29	20 4 3
30	19 2 3 2
31	14 3 2 2
32	7 1 1 2 2
33	1 1 1 2 1 9
34	11 5 5 2 2 3
35	1 1 2 2 6 4 1
36	11 7 4 1 3 2
37	11 7 4 2 8
38	8 2 5 2 1 2 3 4
39	7 3 2 7 9
40	40

A15 라켓으로 공을 주고받아요

난이도 ★☆☆☆☆

40×40

세로 힌트 (열, 위에서 아래로)

열	힌트
1	6 6 12 1
2	8 6 11 2
3	1 3 6 10 3
4	1 3 6 9 2
5	2 2 6 8 2
6	3 2 6 7 2
7	3 3 5 6 2
8	4 2 5 4 5 2
9	9 1 4 4 2
10	6 3 2 1
11	1 6 2 2 2
12	1 2 2 2 2 2
13	2 2 1 2 1 3
14	2 1 1 3 2 1 6
15	2 1 1 5 2 1 4 3
16	4 1 1 1 2 2 4 3
17	6 1 1 1 5 5
18	4 2 1 1 5 3 2
19	7 5 2 1 4 3
20	4 5 6 1 5 2
21	3 1 7 1 7 2
22	3 1 1 2 15
23	3 1 3 10 2
24	3 1 3 11 1
25	2 1 4 12 2 2
26	7 3 11 3 2 1
27	2 18 2 2 2
28	1 15 1 2 4
29	7 1 3 4
30	4 6 1 5
31	5 5 1 3 1
32	4 5 2 2 1 3 1
33	6 5 2 1 2
34	11 5 2 1 3
35	2 2 6 5 2 1 3
36	8 3 5 2 1 3
37	5 14 2 1 3
38	20 2 1 3
39	2 7 2 5 2 1 2
40	6 4 5 2 1 2

가로 힌트 (행, 왼쪽에서 오른쪽으로)

행	힌트
1	5 6 3
2	2 3 10 7
3	2 3 10 5 1
4	2 2 5 2 1 5
5	2 2 1 4 8 8
6	2 2 4 2 1 5 3
7	3 1 3 2 1 3 5
8	3 1 1 2 8
9	3 2 2 2 9
10	6 8 3 4
11	2 1 1 1 4 5 1
12	4 5 2 7
13	6 5 2 5
14	1 1 9 2 2
15	1 2 2 1 2 2
16	6 6 2 2 11
17	7 11 5 11
18	9 1 6 11
19	9 1 7 11
20	9 2 14 10
21	9 4 8
22	2 10
23	3 13
24	2 14
25	14
26	40
27	23 15
28	10 2 2 1
29	9 7 1 15
30	8 2 2 2 2
31	7 2 1 3 3
32	6 2 2 2 1 2
33	5 2 1 1 2 2
34	4 2 1 2 3 1
35	3 2 2 1 2 2
36	2 2 1 2 2 3
37	1 2 1 1 6
38	2 6 5 5
39	2 8 4 8
40	3 8 4 10

A16 대나무를 좋아해요

난이도 ★☆☆☆☆

40×40

													2					6																					
													5	2				3	3																				
												1	3	7	5	6		2	1	2	3							1											
7	9							2	2	10	2	3	2	2	4	3	6	1	7	1	1	5				1		2	2										
1	2	11	10				2	3	3	3	2	2	2	3	1	4	3	4	4	4	2	1	5	5	4	4	2	2	3	1	2	2		2	2	2	2		
2	2	2	2	12	17	2	6	2	3	1	2	2	1	2	5	4	4	2	3	3	2	2	1	3	6	2	7	2	2	8	7	2		3	5	3	4		3
4	2	2	2	2	1	3	1	4	6	1	2	2	2	2	2	2	11	4	2	2	1	1	2	1	1	1	1	1	2	2	3	5	12	3	3	10	4		6
11	16	16	18	18	16	19	15	12	7	2	3	4	2	1	1	2	2	4	6	11	8	7	7	7	7	6	6	6	6	5	5	11	12	10	9	8	6	40	3

			6	1	7	1	1
				6	1	9	8
			6	1	5	5	8
		6	1	4	4	1	2
			6	1	11	1	1
			11	5	4	1	1
			11	4	3	1	1
			5	4	3	1	1
				5	2	3	1
			4	2	5	2	1
		2	2	1	7	2	1
			2	3	2	9	6
		2	1	1	4	2	6
		2	1	2	3	5	5
	2	2	1	2	5	1	3
	1	5	4	1	5	2	2
			2	3	4	7	4
			2	2	4	4	4
		2	2	3	5	3	3
1	2	1	4	2	2	3	3
1	2	1	6	3	3	1	1
2	4	2	2	5	8	1	1
4	1	2	2	1	4	1	1
			8	2	3	1	1
		7	1	2	5	2	1
				9	11	1	1
			10	4	4	2	1
		8	1	2	1	1	1
			10	2	3	2	1
		10	2	2	3	2	1
			12	2	6	6	1
		10	3	2	1	13	1
		9	2	2	2	6	1
			12	3	6	5	1
				10	2	11	7
						13	21
						12	21
					8	2	22
					7	2	22
					4	2	21

A17 머릿속에서 반짝 떠올라요

난이도 ★★☆☆☆

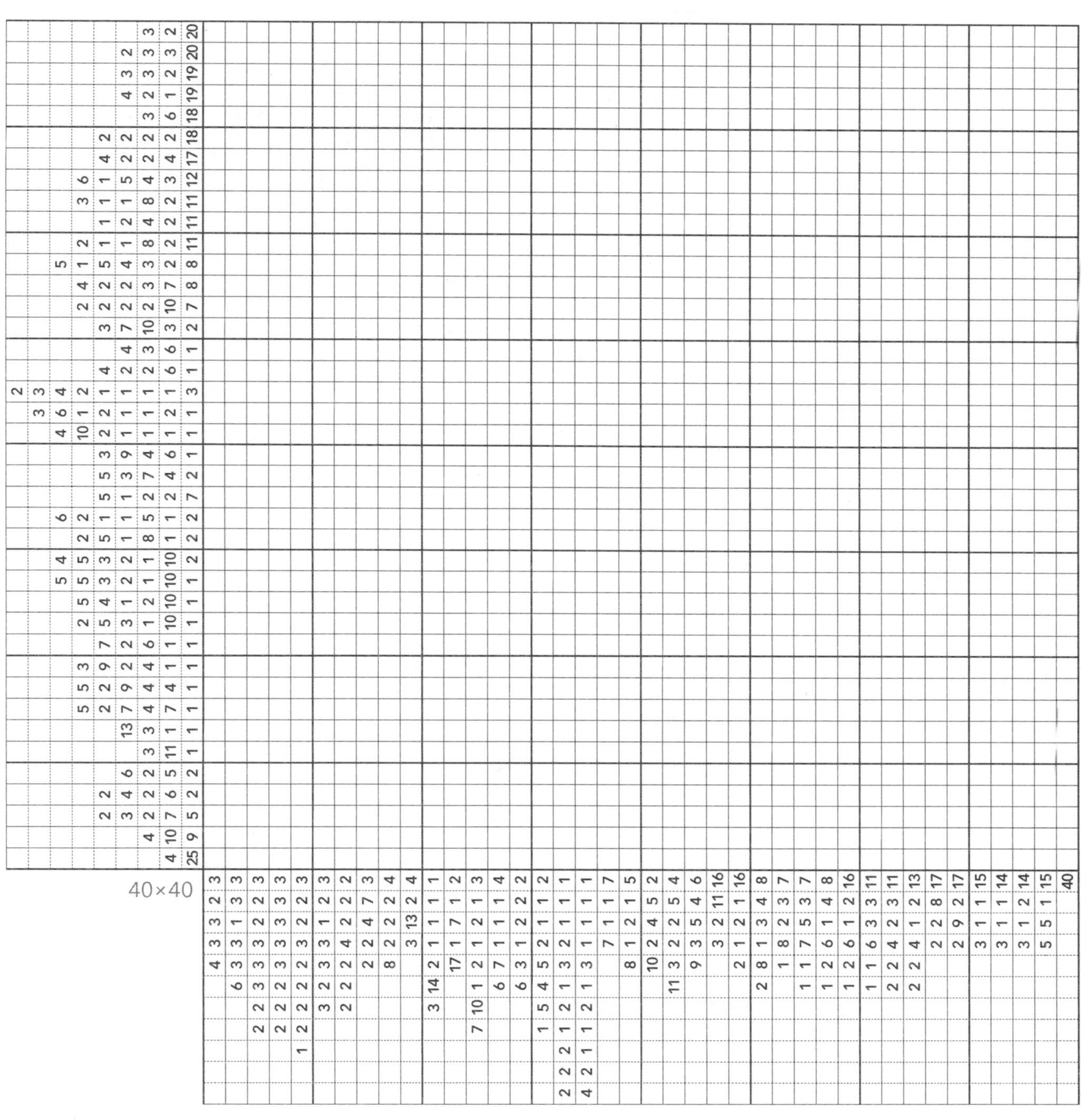

A18 하암~ 너무 졸려요

난이도 ★★☆☆☆ (2.5)

40×40

열	단서
1	8 2 2 2
2	2 2 2 2 2
3	8 7 2 2
4	9 7 2 2
5	9 6 2 2
6	9 1 1 4 2 2
7	2 1 2 1 3 1 2
8	2 2 2 2 2 1 2
9	1 1 2 1 3 2 1
10	2 5 2 1 3 2 2
11	2 4 2 2 2 3 2 2
12	2 1 9 2 3 2 2
13	2 3 5 11 2
14	10 2 8 2
15	5 1 1 3 2 2
16	4 1 1 2 2 2
17	5 4 4 2 2
18	4 2 9 1 1
19	4 3 1 1 2 1
20	4 1 3 1 1 2 1
21	4 1 1 1 2 1
22	4 1 2 1 2 1
23	5 1 1 2 3 1
24	6 3 1 2 1
25	10 2 3 2 1
26	7 2 1 2 1
27	13 1 2 1
28	11 1 2 1
29	10 3 7 2
30	8 8 3 3
31	6 3 1 11
32	5 1 3 4 3 2 6 2
33	2 1 2 1 4 2 4 2
34	2 1 1 1 1 5 2
35	1 1 2 1 2 5 1
36	2 2 2 2 5 1
37	2 6 1 6 2
38	3 2 2 6 2
39	12 2 7 2
40	27 2

행	단서
1	9 4
2	17
3	19
4	19
5	4 10
6	6 11
7	7 14
8	5 5 4 6 4
9	4 1 2 1 3 3
10	4 4 1 1 3 2
11	4 1 6 2 2
12	4 1 2 3 2 6 2
13	4 2 3 3 1 2 2
14	4 3 3 2 3 1 2
15	6 1 2 3 1 2 1 1 2
16	4 1 8 2 2 4 4
17	2 2 6 6 4
18	2 5 2 3 4 2 2
19	1 2 6 1 5 2
20	1 4 1 1 1
21	1 5 2 2 1
22	1 3 1 1 1 1
23	1 3 1 1 2 1
24	1 1 1 2 1
25	2 1 1 1 2
26	3 2 1 3
27	6 1 2 4 1
28	3 6 1 5 1
29	4 4 4 2
30	5 2 1 4
31	14 10
32	14 10
33	6 10
34	6 2 10
35	17 2 7
36	15 3
37	13
38	8 12
39	17 10
40	19 4

A19 입과 코를 가려요

난이도 ★☆☆☆☆

45×45

Column clues (left to right, top to bottom)

Column	Clues
1	1 4
2	1 2 2
3	1 2 15
4	1 2 3 1 1 2
5	4 3 1 1 1
6	4 3 3 1 2
7	4 3 1 1 1 7
8	1 2 4 6 8
9	1 2 8 2 5 2
10	1 2 2 1 4 3
11	1 7 2 3 9
12	1 9 1 1 1 9
13	1 4 1 2 2 2 3 2
14	1 4 3 5 3 2 2 2
15	1 4 2 2 2 4 4 2
16	1 5 1 10 6
17	1 5 1 11 3 2
18	1 5 3 2 1 1 2 8
19	1 5 1 3 2 2 4 1
20	1 6 6 1 7 4 1
21	1 7 3 10 2 8
22	1 5 3 5 1 1 8
23	1 8 2 2 9
24	1 9 1 2 8
25	1 2 1 3 4 9
26	1 2 7 9 1 10
27	1 2 3 2 7 9 8
28	4 3 1 1 3 13
29	4 3 3 1 3
30	4 3 2 4 16
31	1 2 4 9 2
32	1 2 9 1 2 16
33	1 2 5 3 2 5 10
34	1 8 2 4 1 7
35	1 3 1 2 1 7
36	1 5 1 3 1 7
37	1 5 3 1 1 1 6
38	1 5 1 1 1 1 7
39	1 6 5 21
40	1 9 6 6
41	1 6 6 11 3
42	1 5 6 1 1 1 1
43	1 7 4 1 1 1
44	1 5 1 1 2
45	1 22

Row clues (top to bottom, left to right)

Row	Clues
1	45
2	3 3
3	3 3
4	5 5
5	2 2 2 2
6	2 3 2 2 3 2
7	2 5 2 6 2 5 2
8	1 7 1 10 1 7 1
9	1 2 2 14 2 2 1
10	3 4 14 1 4 1
11	5 6 15 9
12	1 2 4 5 2 1 11
13	1 2 2 1 1 1 2 1 12
14	7 1 2 1 2 2 2 4 8
15	1 2 9 3 7 8
16	1 1 1 1 2 1 3 5
17	1 1 2 3 1 2 1 1 2 1
18	1 2 2 3 1 2 2 1 2 1
19	1 3 9 1 10 2
20	1 9 2 2 1 1 3
21	1 4 2 2 5 1 2 4
22	2 5 4 4 1 2 2 6
23	8 5 2 2 1 6 5
24	8 2 2 1 2 3 6
25	3 2 2 2 2 1 1 6 3
26	2 4 2 2 1 2 2 2
27	4 4 2 2 1 1 1 1
28	3 3 2 2 1 1 1 1
29	2 2 5 3 1 1 1 1
30	4 4 3 1 2 1 1
31	1 1 4 1 1 1 1 1
32	1 2 1 2 1 1 1 1 1
33	1 2 5 1 1 1 1 1
34	1 4 3 1 1 1 1 1 1
35	1 9 2 1 1 1 1 1
36	1 3 3 4 1 2 1 1 1
37	2 1 2 6 1 8 1 1
38	17 1 2 1 1 1
39	7 8 10 5
40	1 1 8 11 1
41	1 1 8 14
42	1 1 7 9 1
43	1 1 6 11 1
44	1 1 6 10 2
45	1 6 1 5 8

A20 신나게 노래를 부를 때 필요해요

난이도 ★½☆☆☆

45×45

Column	Clues
1	11 5 14
2	10 3 11 14
3	8 3 2 2 2 13
4	7 3 5 2 1 13
5	5 4 3 2 1 2 12
6	4 7 1 1 2 11
7	2 2 3 1 1 2 11
8	1 6 2 1 2 11
9	1 3 3 2 2 11
10	6 5 3 3 11
11	1 4 1 6 3 11
12	3 1 2 2 3 4 6
13	2 2 1 13 5
14	5 2 6 2 3
15	2 2 1 2 3 2
16	1 1 1 2 1
17	1 1 4 2 4
18	2 2 1 3 2 4
19	6 5 2 3 2 4
20	14 1 2 4
21	4 2 2 4 13 5
22	3 3 2 8 21
23	2 3 5 15
24	2 3 6 6
25	3 2 2 2 3 6
26	4 2 1 2 2 6
27	4 1 2 2 6
28	5 1 2 2 6
29	6 1 3 19
30	10 2 22
31	9 3 4 2 5 4
32	8 13 2 3
33	18 2 3
34	19 2 3
35	12 14 5 3
36	9 7 2 4 4 1
37	6 7 2 2 2 1
38	2 3 2 2 4 2
39	4 1 2 2 3 3
40	6 3 2 2 2 1 4
41	8 12 2 1 5
42	10 5 2 2 5
43	11 2 3 2 6
44	13 9 2 7
45	15 8 8

Row	Clues
1	8 11 8
2	7 15 8
3	6 3 11 7
4	6 3 10 7
5	5 3 9 6
6	4 2 8 6
7	4 4 4 7 5
8	3 4 2 8 5
9	2 6 2 1 2 5 4
10	2 3 1 2 4 2 1 5 4
11	1 2 1 6 5 6 3
12	5 1 2 1 2 5 7 2
13	11 1 2 3 8 2
14	10 1 3 2 2 5 3 1
15	2 1 3 5 2 3 1 1 2 1
16	2 2 4 7 5 2
17	1 3 8 6 1
18	2 1 6 3 6 1
19	2 1 3 1 4 6 1
20	3 4 1 5 4 4 1
21	1 1 3 2 2 7 1 3 2
22	1 2 2 1 1 2 5 1 1 1 3
23	2 4 1 1 2 1 2 3 3
24	3 3 1 1 1 2 4 4
25	4 4 1 4 1 3 1 2 1
26	2 7 1 1 3 1 2 1 6 1
27	2 2 2 4 1 3 2
28	1 7 2 3 1 2
29	1 2 5 2 3 2 4
30	2 2 2 3 7 2
31	3 4 3 3 7 2
32	2 9 2 2 2 2
33	4 6 1 2 2 1 1
34	5 1 2 2 1 1
35	11 1 2 2 2 1
36	11 1 2 2 1 2
37	11 1 2 2 1 2
38	11 1 2 2 2 2 1
39	11 2 2 2 6 2
40	12 2 9 2 3
41	13 1 10 2 5
42	13 17 2 6
43	14 21 7
44	15 19 8
45	15 19 9

A21 물을 좋아하고 수영을 잘한대요

난이도 ★★☆☆☆

45×45

		1	1																																									
		4	3	2	4					2																																		
		4	3	4	2	2		1	4	1	1																																	
	5	2	4	7	3	1	1	2	2	2	4																																	
	1	1	1	2	1	1	2	3	4	1	1	4																																
3	3	1	3	2	3	2	4	6	6	5	3	1														2													3	3		4		
4	2	4	3	4	7	6	2	2	2	2	3	7	9	5						2	2					3	2	2										2	3	3	3	3		
6	8	2	1	2	5	1	1	3	5	3	2	2	10	5	3	3	3		1	5	7	2	2	3	2	2	6	4	3	3	2	2	2	2			2	2	1	2	3	4	4	
7	1	1	1	1	2	9	5	9	1	1	2	2	2	10	9	7	5	2	6	1	4	10	8	8	8	5	2	2	14	11	7	6	4	3	2	2	3	10	6	4	3	4	17	26

							4
					5	2	3
				2	2	1	4
				3	2	1	4
					3	7	2
						5	4
						3	1
					2	4	1
					3	3	2
						2	1
						5	1
					1	2	1
						7	2
					2	4	1
					4	2	2
				2	2	1	2
			1	1	1	2	12
					1	2	19
					2	13	5
					1	5	4
						1	3
						1	2
						1	1
					3	3	1
			1	3	2	1	1
		1	3	2	1	1	1
	2	2	2	1	2	1	1
1	2	3	1	2	1	2	1
		3	6	1	2	3	2
		4	2	1	2	2	2
		5	2	2	2	1	3
		2	3	1	2	3	3
	1	2	2	2	3	2	4
		1	3	7	2	2	4
	1	4	7	2	2	2	2
	6	1	4	2	2	3	2
3	1	1	4	2	5	1	2
	2	2	2	3	10	2	3
2	2	3	4	5	3	2	3
	2	3	9	4	4	3	3
		7	10	5	4	2	3
3	2	2	5	6	5	3	2
2	1	1	4	6	6	3	2
1	2	1	7	6	6	3	2
		7	10	7	6	3	2

A22 마음속에서 불꽃이 타올라요

난이도 ★★☆☆☆

45×45

Column	Clues
1	7 11 15
2	31 5
3	13 8 8 3
4	11 5 6 2
5	4 13 4 1
6	3 12 2 2
7	2 13 4 1
8	4 7 3 2 1 3
9	8 4 1 6 1 1
10	14 1 1 1 2 1
11	14 9 7 1
12	8 3 1 1 1 9 1
13	2 2 2 6 1 10 1
14	2 4 4 1 1 1 1 10 1
15	6 4 3 1 1 12 1
16	7 8 1 2 16
17	6 5 2 6 7 1
18	5 5 1 1 6 2
19	5 3 2 2 5 3
20	3 4 3 1 1 4 2
21	1 6 2 2 1 4 1
22	7 3 1 3 1
23	1 5 3 1 3 1
24	1 4 2 2 1 4 2
25	2 3 3 1 1 4 2
26	2 5 2 2 5 2
27	3 5 1 1 6 2
28	4 5 2 11 1
29	5 7 2 13
30	4 5 3 6 11 2
31	8 4 1 2 13 1
32	10 1 1 1 1 10 1
33	9 2 1 1 1 9 1
34	2 3 3 1 1 1 7 1
35	8 2 7 1 2 1
36	12 3 2 1 3
37	5 10 5 2 2
38	4 8 1 1 1 1
39	2 9 2 5 1 2
40	16 4 2 2 1
41	9 9 4 1 2
42	10 9 4 2
43	23 6 3
44	3 10 16 3
45	6 12 15

Row	Clues
1	14 6 6 14
2	14 5 5 15
3	6 5 6 3 3 4 6
4	5 5 6 6 4 4 1
5	4 11 1 9 6
6	5 10 3 1 8 7
7	12 3 1 4 2 8 7
8	11 1 12 3 10
9	8 2 14 2 10
10	11 15 1 5 4
11	11 4 3 4 5 3
12	3 7 3 3 5 4
13	3 3 3 2 3 3 2 9
14	2 3 2 3 3 3 3 9
15	2 3 1 1 2 2 1 1 3 4 1
16	7 1 1 1 2 4 1
17	7 2 6 2 2 5
18	8 1 4 2 1 5
19	4 2 5 2 6 6
20	3 2 2 3 3 2 6
21	2 1 8 1 3 2
22	2 2 2 2 2
23	3 1 1 3
24	2 6 5 3 2
25	2 3 1 2 2 3 2 2
26	3 3 3 1 1 10 2
27	3 5 3 1 1 1 1 1 1 2
28	3 1 1 1 1 1 1 1 1 1 1 2
29	4 3 1 1 1 1 2 3
30	4 3 2 2 4 3
31	4 5 7 3
32	1 3 17 4
33	1 3 20 2 1
34	1 2 22 2 1
35	1 2 10 10 2 1
36	2 1 9 9 1
37	2 8 8 2
38	1 7 7 1
39	2 6 7 2
40	2 6 7 1
41	2 6 7 2
42	3 7 1 2 8 2
43	5 1 3 4 1 2 3
44	1 9 4 4
45	9 8

A23 동물의 왕!

난이도 ★★☆☆☆

45×45

Column	Clues
1	5
2	4 5
3	4 2 3 4
4	1 2 10 4 3
5	1 6 3 3 6
6	1 2 2 4 6 2 1
7	3 7 4 1 6 4
8	3 10 2 2 2 7
9	2 1 3 7 6 1
10	1 1 7 2 5 2 1
11	3 6 8 3 2 3
12	4 6 6 2 3 2 6
13	2 2 6 4 5 8
14	6 8 2 4 4 1
15	1 5 9 3 2 2
16	7 2 8 3 1 2
17	2 2 3 7 5 3 7
18	2 2 5 5 6 3 5 1
19	2 2 3 2 8 2 3
20	1 4 1 1 2 2 5
21	1 2 2 4 4 5 11
22	3 2 2 5 5 4 2
23	3 2 2 3 5 3
24	2 1 1 2 7
25	2 6 3 12
26	2 2 4 2 12 1
27	2 1 4 3 5 3 2
28	2 1 4 1 1 4 3 4
29	4 3 1 6 2 3 5 6
30	4 2 5 1 12 3 3
31	4 3 5 2 2 3 3
32	3 3 3 1 5 3 4 4
33	3 3 2 3 9 3 7
34	4 4 7 5 2 7
35	4 9 11 3 8
36	5 7 1 2 3 7
37	5 1 2 2 2 10
38	6 2 2 2 12 4
39	9 3 2 7 4
40	9 3 2 3 6
41	11 3 2 9
42	12 1 3 5
43	13 2 3 4
44	15 1 2 4
45	18 3 5

Row	Clues
1	28
2	4 24
3	5 3 17
4	3 1 2 6 12
5	2 1 1 1 2 10
6	2 8 1 8
7	21 1 4 7
8	2 3 4 5 18
9	7 1 5 12 8
10	5 5 9 3 5
11	2 1 8 3 3 5
12	1 2 1 1 1 4 5 4
13	1 3 2 6 2 3 3
14	1 6 3 3 2 3 2
15	4 6 2 2 2 2 2
16	1 5 4 1 3 6 3 1
17	1 5 6 1 1 3 3 3
18	1 5 8 2 3 2 1
19	3 3 8 3 2 1 3
20	2 12 2 2 2 2 3
21	2 3 6 2 1 2 2 4
22	5 5 1 1 2 3 3
23	2 3 6 3 1 2 4 1
24	1 4 5 2 2 2 1 4
25	2 5 1 1 3 1 1 1 2 2
26	2 4 2 4 1 1 1 2 2
27	1 4 2 5 1 3 2 3
28	6 3 3 2 3 1 5
29	1 2 2 3 2 2 2 1 1 5
30	3 2 2 3 1 1 1 2 2 3 2 3
31	1 1 2 6 2 1 1 1 3 3 2 2
32	2 11 2 2 2 1 2 1 1 2 1
33	1 10 2 2 2 4 1 1 2
34	1 1 6 1 2 3 3 2 4
35	2 2 2 2 2 2 2 5
36	1 1 2 1 2 2 1 2 4
37	1 2 4 4 1 2 2 2 4
38	3 7 1 2 4 2 4
39	2 2 2 2 2 5 8
40	2 2 3 2 2 4 3 4
41	1 3 3 2 3 3 2 4
42	1 2 2 1 2 3 2 5
43	3 3 2 3 4 8
44	2 3 3 7 8
45	8 14 2

A24 아무 곳에나 버리면 안 돼요

난이도 ★★☆☆☆

45×45

Column	Clues (top to bottom)
1	4 1 6
2	3 5 2 1 4 2
3	9 2 1 1 5 2
4	2 2 3 3 7 1
5	2 3 2 1 9 1
6	1 2 20 1
7	6 2 4 16 1
8	8 1 4 13 3
9	5 2 1 17
10	8 15 13
11	6 4 8 2
12	5 2 5 1 2
13	4 2 1 1 2 6 1 2
14	4 2 2 1 2 16
15	1 2 1 2 3 19
16	1 2 2 31 2
17	4 2 3 15 1
18	4 2 2 2 3 1 13 1
19	9 1 10 10 1
20	4 1 1 1 2 2 1
21	4 7 5 1 2 1 1
22	3 7 2 2 1 2 3
23	2 1 1 3 11
24	1 1 4 1 7
25	1 8 1 3
26	3 1 4 1 4 2
27	2 1 2 1 2 2 2
28	4 3 1 1 1 2 2 1 2
29	2 1 4 2 1 1 2 3 1 2
30	1 3 1 3 1 1 1 3 1 2
31	2 3 2 4 1 1 2 3 1 2
32	2 6 1 1 1 2 2 1 2
33	4 1 2 2 1 2 2 2
34	1 2 3 2 1 4 2
35	1 4 3 1 2
36	12 2 8 1 10
37	1 1 1 1 1 2 17 2
38	1 4 1 1 2 6 1 3
39	1 1 1 1 1 4 5 2 3
40	4 4 3 3 4 2 4
41	1 1 1 1 2 6 2 5
42	1 1 1 1 2 4 2 12 2
43	1 4 7 3 7 5 5
44	1 1 1 1 1 2 5 1 1 5 3
45	4 4 1 5 4 8

Row	Clues (left to right)
1	9 10
2	7 3 1 1 1
3	13 1 1 1
4	16 10
5	6 5 1 1 1
6	5 3 7 1 1 1
7	2 1 2 5 10
8	2 1 1 1 4 1 1 1
9	2 4 1 2 3 1 1 1
10	2 2 2 1 1 10
11	2 2 1 3 1 1
12	5 5 15 1
13	3 2 4 2 3 6
14	2 7 5 1 2 1 2 2
15	2 1 3 1 6 1 8 1
16	1 1 1 2 2 2 7 2
17	1 1 1 1 2 4 1 3 2
18	2 1 1 1 1 2 4 2 3 1
19	4 1 1 1 2 5 1 1 1 3 1
20	7 1 1 4 1 1 1 10
21	1 4 1 1 1 1 2 2 10
22	1 1 1 1 1 3 6 6 1
23	2 2 1 1 1 4 2 6 1
24	1 1 2 1 1 6 7 3
25	3 1 1 1 1 18 2 1
26	5 1 1 1 1 1 3 1
27	2 3 2 3 1 1 1 2 3
28	1 2 11 1 1 2 1
29	1 1 12 19 2
30	2 15 2 1 4
31	3 13 1 3 1 1 1
32	13 1 2 2 1 1 1
33	6 7 1 2 2 1 4
34	7 6 1 2 3 2 1 4
35	23 1 5 1 1 4
36	7 6 1 1 5 1 2 4
37	8 6 2 2 2 1 4
38	23 7 1 1
39	24 1 3
40	9 6 1 1 5
41	8 6 1 1 2 2
42	1 3 7 1 1 6
43	1 2 1 3 2 1 6
44	3 1 2 1 15
45	7 8 14

A25 새인데 날지 못해요

난이도 ★★☆☆☆

40×50

1 4 2 2 2 3 6
5 1 1 2 2 2 1 19
3 2 2 2 2 1 3 1 4 9
2 1 3 3 2 4 1 6 10
3 3 4 2 2 2 2 2 5 3
7 6 2 1 1 1 1 1 3 1 1
1 3 2 5 2 1 1 2 2 1 1 2 1 1
4 1 1 5 2 1 1 2 2 1 1 3
5 2 4 2 6 3 1 1 2
7 3 10 3 2 1 1 2
8 5 14 3 2 1 1 3
7 3 4 4 1 2 2 1 1 1 1
2 3 2 8 2 2 1 2 2 1 2 1
4 2 3 2 2 8 10
3 4 2 2 2 3 11
2 2 1 1 2 2 1 3 1
1 1 2 3 3 1 1 2 1
3 1 4 3 1 1 2 1
2 1 1 7 1 1 1 4
1 1 1 7 1 1 1 3
1 1 1 4 3 1 1 3
1 1 1 3 1 1 5
2 1 2 2 2 1 1 4 1
2 1 1 1 2 1 2 4 9
4 1 2 1 20 5
1 2 1 2 2 3 2 2 7 2 1
4 3 3 3 2 2 2 1 2 3 2 1
5 2 9 2 2 3 2 2 2 1 1
7 11 3 3 1 1 2 1 3
7 8 1 1 5 1 2 1 2
1 3 1 2 5 1 3 3 2 1 2
1 4 2 1 1 2 2 1 2
1 4 2 1 1 2 2 2 1 2 3
6 2 3 2 1 2 2 1 3 2 1
6 2 2 1 1 1 2 2 4 1 1
2 2 3 1 1 2 3 3 6 2 2
1 1 1 4 2 2 1 6 14
2 2 4 7 5 14
4 3 2 7 14
2 4 2 10

9 7 6 6 7
5 9 2 3 4 1 3 3
3 8 2 1 1 5 3 1 2
2 1 9 10 10 2
3 3 5 2 2 11
1 4 1 4 1 2 2 4
1 4 4 2 7 1 4
1 2 5 5 6 3
3 2 2 5
1 6 1 2 5
2 12 2 2 4
1 2 7 8 3
3 1 2 4 6 1
5 1 1 2 4
7 3 2 2 2 3
2 5 2 6 2 3
1 5 2 2 1 3
8 4 5
4 2 3 1 3
1 4 3 1 2 2
1 12 4 1
12 3 7
13 2 4
6 11 1
3 14 3 1
3 3 2 4
2 1 3 1 7 1
1 2 3 12 1
11 2 3 2 1
1 3 2 2 1 2 4
2 9 2 5 2 3
1 2 2 2 1 1 3
2 6 2 2 3 3
1 12 2 5
4 3 2 12 1
3 2 3 1 7 2
3 2 5 3 4
4 2 2 5 6
1 3 3 18
1 7 2 4 5
3 14 6
28 7
5 2 4 5 8
6 2 1 1 1 3 4
7 5 4 4
7 2 3 5
4 3 5 6
7 5 1 6 2
4 4 1 9 3
11 5

A26 마치 사람처럼 생겼어요

난이도 ★★☆☆☆

40×50

열	힌트
1	20 3 4 2
2	3 5 13 6 3 2
3	15 7 5 6 2
4	6 17 4 6 2
5	2 8 13 7 2
6	9 16 7 2
7	28 4 2 2
8	4 5 7 2 2
9	3 4 1 5 3 2
10	1 4 2 2 6 4
11	3 1 4 2 5 1
12	6 1 2 8 1
13	2 1 3 1 3 2 6 3 1
14	2 2 10 8 2 1
15	11 8 4 2 2 2 2
16	1 7 1 1 4 2 1 1 1 2
17	2 6 2 1 5 1 1 2
18	1 3 3 6 2 3 2
19	1 3 5 16 2
20	1 6 4 6 6 2 1
21	1 7 4 7 4 4
22	1 3 3 3 4 1 2
23	1 2 2 3 2 3 1 2
24	1 2 2 2 1 3 2 3 3 2
25	2 2 3 10 3 2 4 3 3 2
26	1 7 3 1 3 2 2 2 1 5
27	1 7 4 2 2 4 6 5
28	1 3 2 1 1 3 8 6 3 1
29	2 1 2 1 1 3 4 2 4 2 1
30	1 1 2 1 2 9 3 2 3 1
31	4 4 6 1 4 2 4 2
32	6 6 2 4 4 2 2
33	3 1 5 3 2 1 2
34	1 4 1 4 3 2 2
35	3 4 6 2 2 1 1 2
36	9 2 2 2 2 1
37	27 7 4
38	3 7 7 3 3 7 2
39	8 15 3 7 2
40	1 12 9 5 4 2

행	힌트
1	2 4 3 9 4
2	7 1 1 3 5 3
3	4 2 3 3 4 3 3 4
4	1 2 2 1 6 9 1 1 1 1 2
5	1 5 1 1 3 3 7 3 1 2
6	7 4 3 2 2 3 2 1 4
7	3 3 1 3 2 2 2 2 1 1 4
8	3 3 2 3 3 3 2 3 4
9	7 6 9 2 2 1
10	5 1 4 11 2 1
11	1 5 1 2 4
12	1 5 3 2 4
13	4 2 5 5 1 2
14	4 2 10 4
15	4 2 13 3
16	7 6 6 3 3 3
17	2 4 3 3 1 7 4
18	2 4 1 1 4 1 5 1 4
19	11 4 1 4 1 4
20	10 4 1 4 6
21	7 2 1 3 2 2
22	7 2 1 1 2 2
23	7 1 8 1 5
24	7 3 5 4 6
25	10 4 4 3 5 6
26	4 3 1 4 3 1 6
27	2 2 2 8 3 2 6
28	3 4 8 2 5 2
29	2 3 1 9 1 2 2
30	3 2 4 5 2 1 2
31	3 1 2 4 3 2 1
32	3 2 1 4 2 1 2 1
33	2 1 1 4 2 2 1 1
34	2 2 1 4 3 1 3 2
35	7 2 10 1 5
36	7 3 2 2 2 1 4
37	8 7 2 4 6
38	5 2 2 2 7 6
39	5 2 1 4 2 4
40	6 2 1 1 2 1 5
41	4 1 1 1 2 1 3
42	1 1 4 2
43	2 1 1 2
44	3 2 2 3
45	9 1 7
46	5 3 5 3
47	2 2 3 2
48	1 1 2 1
49	10 5 7 5 4
50	40

A27 달릴 때 신어요

난이도 ★★☆☆☆

50×40

1	5 6 2 3 5 11
2	6 6 6 5 5 1 2
3	6 3 2 6 3 1 4 1 2
4	6 6 4 1 7 1 1 1
5	4 1 6 6 6 2 1 1
6	5 6 6 4 3 1 1
7	5 6 6 4 2 1 1
8	4 6 9 2 1 1 1
9	4 6 7 2 1 1 1 1
10	3 6 3 1 2 1 1 2 1 1
11	2 1 4 5 1 1 2 4 2 1
12	2 6 1 1 2 1 2 1 2 5 1
13	1 6 1 2 1 2 1 2 1 2 2
14	4 10 1 1 2 1 3 1 1
15	2 6 1 1 2 1 2 1 2 2
16	5 2 2 1 2 2 2 1
17	1 1 1 2 3 2 2
18	1 2 2 3 2 3
19	1 6 2 5
20	2 1 1 3 5
21	1 2 1 3 7
22	1 1 2 2 9
23	1 2 1 2 6 2
24	1 2 2 2 10
25	1 3 2 2 2 8
26	1 6 2 2 3 8
27	4 9 4 7
28	3 4 9 7
29	3 2 12 7
30	1 2 11 2 4
31	2 2 3 6 7
32	2 3 2 2 3 6
33	3 3 2 2 2 8
34	5 1 2 2 2 3 4
35	6 1 2 2 2 3 4
36	3 2 3 2 2 2 1 2
37	3 3 3 1 2 2 1 1
38	3 4 9 1 2 1 1
39	3 2 2 2 1 3 3 1 1
40	3 2 5 2 3 1 2 1
41	3 2 2 2 2 2
42	3 3 4 4 2
43	3 6 3 2
44	4 5 9 3
45	4 4 11 3
46	4 5 4 5
47	5 1 3 6
48	5 6 17
49	5 20 8
50	3 2 3 9 6 7

1	4 1 3 1
2	7 1 1 3 4
3	9 1 2 4 7
4	10 7 1 17
5	4 7 2 9 17
6	14 1 1 17
7	3 1 3
8	16 2 1 16
9	10 4 1 2 11 3
10	15 1 1 2 9
11	2 12 1 2 3 7
12	15 2 2 2 2 5
13	14 3 2 1 2 1 3
14	1 1 3 1 1 1 2
15	16 2 2 2 1 2 2
16	11 3 2 4 2 2 2 2
17	12 2 3 6 6 2 2 2
18	9 1 4 3 2 1 5 5 2 2
19	3 8 4 3 6 4 1 2
20	9 4 5 5 2 1 1 2
21	3 3 1 1 3 2 3 1 2
22	8 5 3 2 6 2 1 2 3
23	9 4 1 2 5 2 2 2 3
24	7 4 3 2 5 2 4 1 3
25	2 5 4 1 2 8 2 1 1 3
26	5 4 3 2 8 2 4 1 3
27	4 3 1 1 11 2 1 1 3
28	4 5 3 2 2 1 2 3 1 1
29	3 2 3 1 1 14 3 1 3
30	5 4 2 13 2 3 2 3
31	3 1 2 9 6 3 3
32	2 2 2 13 1 2 4
33	1 1 2 14 1 1 4
34	1 1 2 4 11 2 5
35	2 4 13 1 2 5
36	1 1 3 9 2 2 5
37	1 8 6 5 5
38	2 5 1 4
39	2 3 2 4
40	11 7

A28 물을 등으로 뿜어요

난이도 ★½☆☆☆

50×40

Column	Clues
1	5 14
2	8 14
3	8 14
4	8 14
5	8 3 14
6	9 9 13
7	10 3 5 13
8	23 9 1
9	20 2 7 2
10	1 9 8 2 5 3
11	7 2 8 1 5 1 1
12	7 11 2 4 1 2
13	4 2 8 2 1 3 3 1
14	1 5 3 6 2 2 3 1
15	4 3 1 8 2 1 3 1
16	7 11 1 4 1
17	2 3 11 1 5 1
18	7 2 8 1 5 2
19	6 2 4 4 3 3 1
20	2 9 2 4 1
21	1 12 5 2
22	2 10 6 1
23	7 4 7 2
24	1 9 8 1
25	12 7 3
26	2 9 6 2
27	2 9 5 2
28	13 4 4
29	3 9 3 4
30	3 13 5
31	2 10 7 1
32	2 2 7 3 1
33	2 2 8 2 2
34	2 1 9 1
35	2 11 2
36	1 1 9 1
37	2 1 8 2 2
38	1 12 2
39	2 1 10 2
40	1 8 6
41	1 5 9
42	2 4 10
43	1 3 12
44	2 1 3 9
45	4 2 2 9
46	4 4 3 8
47	4 4 4 8
48	3 6 5 8
49	3 2 6 8
50	5 7 6

Row clues (left to right)

Row	Clues
1	5
2	2 1 9
3	3 2 4 7
4	6 5 3 1 3 1
5	8 7 3 4 1
6	9 3 2 2 2 5 1
7	18 2 2 3 1
8	8 4 3 2 5 2
9	11 5 2 1 5 1
10	14 2 6 1
11	12 2 1 1 4 1
12	7 2 8 1
13	4 2 1 7 2
14	5 2 9 1
15	1 3 4 2 7 1
16	6 5 12 2
17	9 5 1 10 2 1
18	5 9 16 1
19	2 7 3 17 2
20	12 18 2
21	8 19 1
22	27 2
23	16 8 1 6
24	12 11 2 6
25	5 15 4 4 5
26	1 17 5 5 4
27	5 2 12 6 7 3
28	7 2 7 6 1 9 2
29	8 3 1 6 2 11 1
30	9 4 2 6 2 2 9
31	11 7 6 3 3 10
32	13 1 6 3 3 10
33	15 2 6 6 10
34	14 2 6 2 6
35	12 9 3 4
36	9 10 3 3
37	8 11 1 2
38	7 2 5 1 3 2
39	7 4 6
40	8 7

A29 종이로 접었지만 물에 떠요

난이도 ★☆☆☆☆

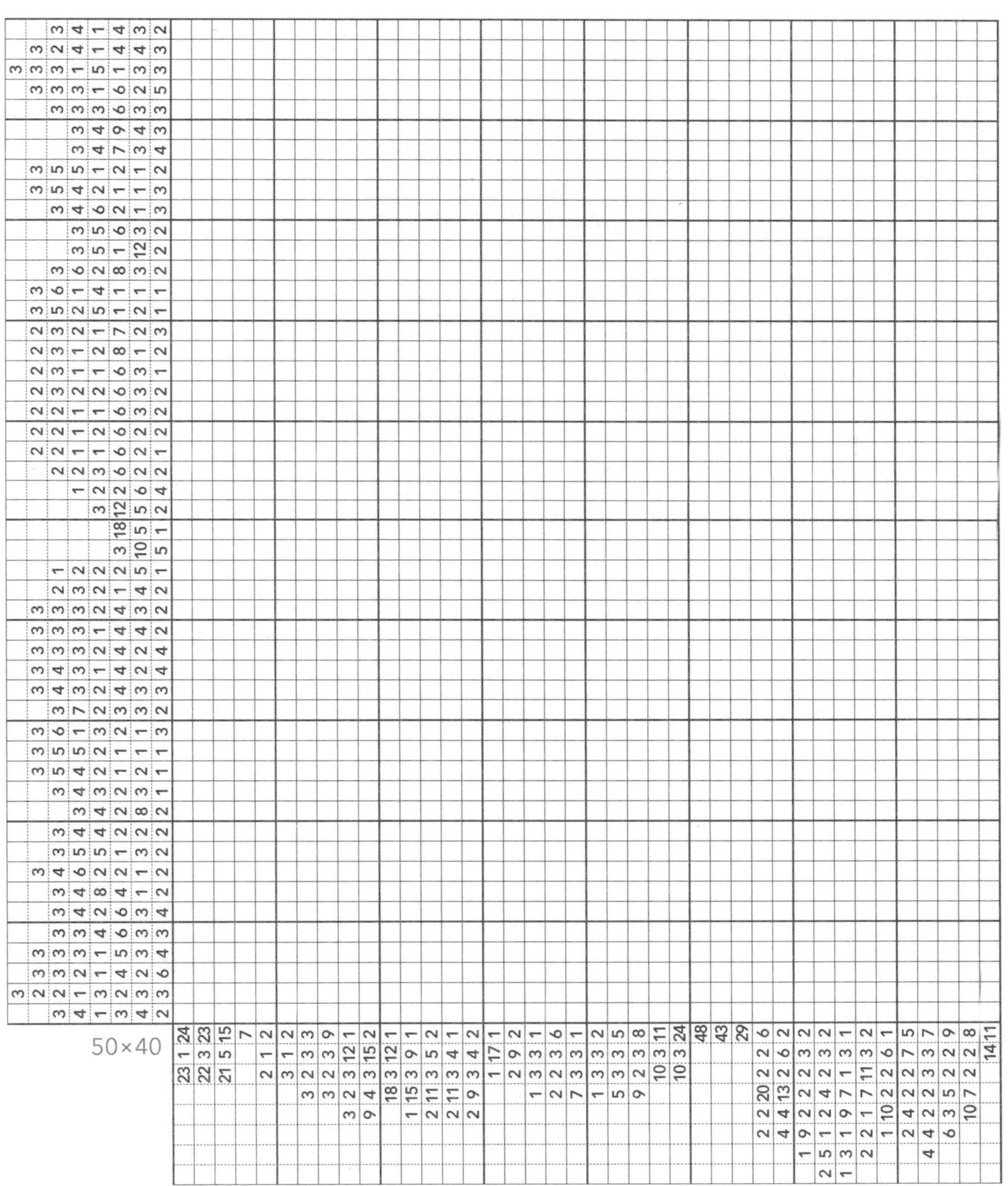

A30 멋지게 점프를 성공했어요

난이도 ★★☆☆☆

50×40

A31 가시에 찔릴 수 있어요

난이도 ★★☆☆☆

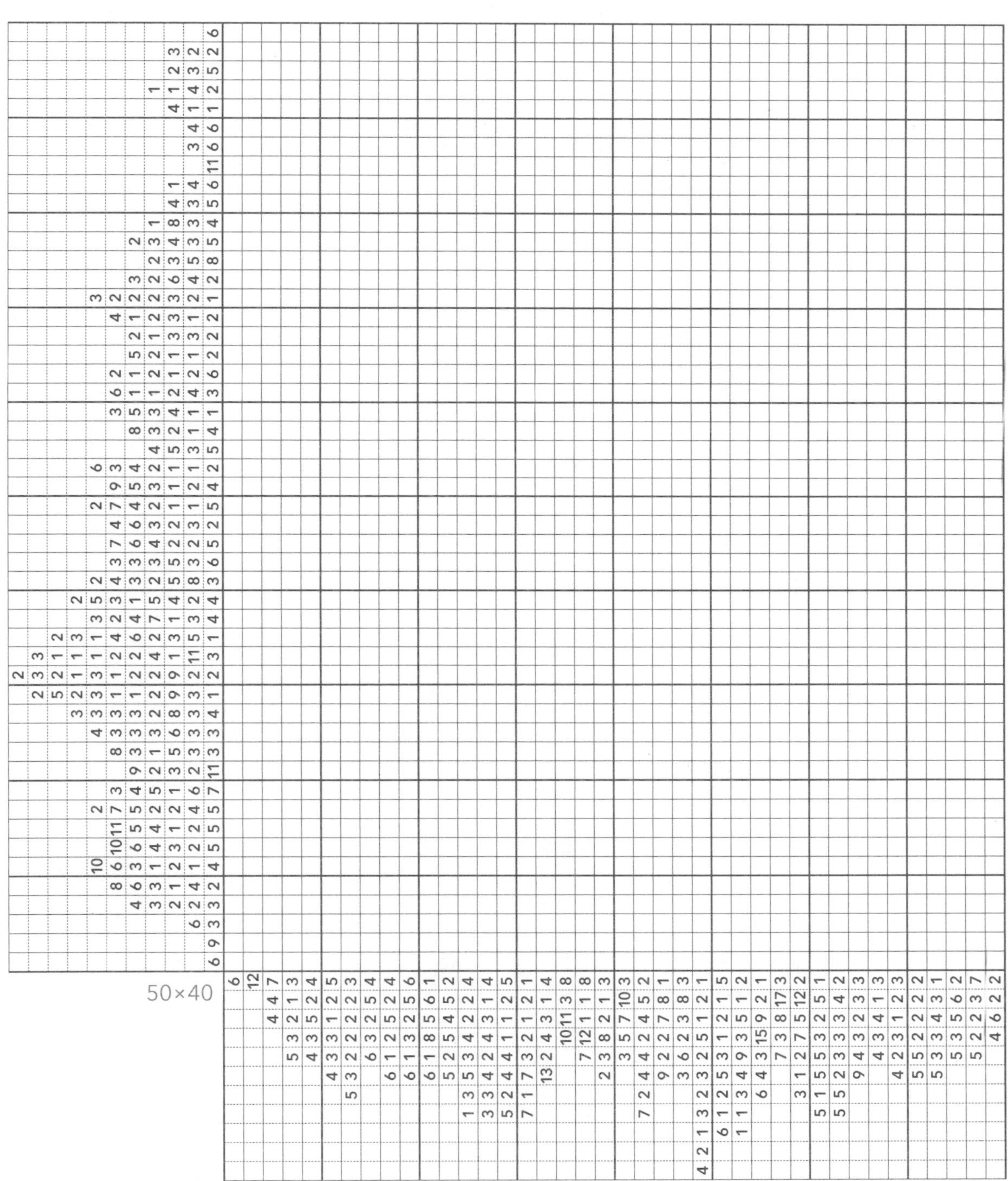

A32 눈이 아플 때 가려요

난이도 ★★½☆☆

50×40

열	단서
1	1 6 12 6 2 1
2	3 7 4 3 7 2 2
3	4 8 3 6 2 2
4	4 8 7 3 3
5	5 8 6 4 2
6	4 4 3 11 2
7	4 3 3 10 2
8	3 3 3 8 2
9	3 3 3 5 8 2
10	7 2 11 7 1 1
11	5 1 22 1 1
12	5 1 7 8 1 2
13	4 1 5 5 2 2
14	4 1 3 4 1 2
15	4 1 2 5 3 2 2
16	5 2 7 2 2 1 1
17	9 5 5 2 1
18	7 2 4 2 1 2
19	5 2 1 3 3 3 2 2
20	4 5 5 2 2 1 2
21	3 1 5 2 5 2 2 2
22	3 2 5 6 1 2 2 2
23	3 2 8 3 2 2
24	4 2 1 3 3 2 2 2
25	4 2 5 1 2 2 5
26	7 5 2 5
27	10 2 2
28	7 13 6
29	8 6 10
30	9 5
31	10 7
32	11 9
33	11 10
34	11 11
35	12 12
36	24
37	22
38	21
39	17
40	13

행	단서
1	4
2	6
3	6
4	1 7
5	2 8
6	4 19
7	6 20
8	33
9	20 12
10	9 4 11
11	4 6 2 16
12	7 4 18
13	16 2 13
14	1 11 2 1 1 11
15	1 4 4 2 10
16	2 4 2 2 2 11
17	1 4 2 2 2 10
18	1 3 2 3 2 9
19	1 3 2 3 2 7
20	1 3 1 3 2 6
21	1 3 1 2 1 2 5
22	1 3 3 2 1 2 6
23	1 3 3 1 1 1 6
24	1 3 3 2 2 1 7
25	1 2 3 2 7 8
26	1 2 3 11 9
27	2 2 1 4 2 9
28	2 7 2 1 9
29	12 2 1 9
30	13 2 2 9
31	14 1 11
32	20 11
33	14 9 9
34	12 3 12
35	4 4 4 2 6
36	3 3 4 2 2
37	3 3 4 3 3
38	2 2 3 4
39	2 3 2 1
40	2 2 2 2
41	4 3 2
42	2 2 2
43	3
44	4
45	8
46	9
47	4
48	3
49	4
50	4

B33 여행이나 소풍 갈 때 필요해요

난이도 ★★☆☆☆

50×50

열	힌트
1	35 1 1 3
2	9 5 2 4 1 1 1 3
3	6 4 2 3 1 1 1 3
4	3 7 2 2 1 1 1 3
5	2 8 2 1 1 1 1 3
6	1 7 2 2 1 1 1 3
7	6 2 1 1 1 1 1 1 3
8	5 4 2 4 1 1 1 3
9	5 2 3 4 1 2 1 1 1 3
10	4 2 2 4 1 2 1 1 1 3
11	4 4 2 1 2 2 1 3
12	3 1 2 1 1 1 1 3
13	3 2 2 1 2 7 10
14	3 7 1 1 8 3
15	3 2 3 2 1 4 9
16	4 1 2 3 4 2 1 2
17	2 4 7 2 1 3 1 2 1
18	6 14 1 2 4 1 1 1
19	2 4 17 1 1 2 1 1 1
20	1 3 14 1 1 1 2 1 1 1
21	2 3 12 2 1 1 2 1 1 1
22	1 3 12 2 1 1 2 1 1 1
23	1 3 12 2 1 1 2 1 1 1
24	1 3 12 2 1 1 2 1 2 1
25	1 3 12 3 1 2 1 2 1 2
26	1 3 13 1 1 3 8
27	1 2 17 2 1
28	2 1 3 14 1 3 1
29	1 3 13 2 16
30	2 3 11 2 2 2
31	5 9 3 2 2
32	2 4 1 16
33	2 1 4 1 7 1
34	3 1 1 4 1 9 2
35	4 3 1 2 1 8 5
36	3 2 3 1 1 21
37	4 1 2 1 1 3 1 3
38	5 1 1 1 1 1 1 1 3
39	5 2 1 7 1 1 1 1 3
40	6 2 2 2 6 1 1 1 1 3
41	7 2 3 3 1 1 1 3
42	8 2 2 3 1 1 3
43	11 2 1 21
44	9 1 25
45	2 1 2 1 3
46	7 26
47	9 2 17 3
48	8 5 2 4 1 1 1 3
49	7 5 2 2 4 1 1 1 1 3
50	6 5 4 4 1 1 1 1 3

행	힌트
1	5 8 7 1
2	5 3 3 9 2
3	4 7 2 1 10 2
4	3 10 1 1 3 6 3
5	3 11 1 1 6 3
6	3 7 4 1 4 4
7	2 5 7 5 3 3
8	2 4 3 18 3 3
9	2 4 4 12 2 3 2
10	1 3 2 1 5 7 2 2
11	1 3 3 3 1 2 2 3
12	1 2 2 1 5 5 2 2 2 1
13	1 2 1 2 4 8 2 4 2 2
14	1 2 1 1 16 1 3 3 2 2
15	1 2 2 17 2 4 3
16	1 1 2 2 14 2 3 3
17	3 2 4 14 4 4
18	2 2 2 14 2 2
19	4 2 15 2 2
20	3 2 15 9 2
21	2 2 22 2 3 1
22	1 7 15 1 1
23	1 1 15 1 2
24	1 1 13 1 3
25	2 2 13 2 4
26	4 1 3 3 2 6 1
27	1 4 1 1 5 1 3 1 2 2
28	3 4 3 5 3 3 1 2 2
29	2 1 2 2 3 2 2 1 5
30	2 1 1 2 6 2 4
31	2 4 2 10 1 3 2 3
32	1 3 4 2 2 4 2 3
33	1 1 1 1 1 3 2 2
34	1 3 8 2 1 3 2 2
35	1 2 2 2 1 1 3 2 2
36	14 8 1 1 19
37	3 2 10 1 5 2 2
38	7 2 1 3 1 3 2 2 2
39	1 1 3 1 2 2
40	4 1 1 3 1 2 2
41	2 10 1 3 1 2 1 3
42	1 2 2 5 1 2 1
43	5 1 1 2 1 1 6 1
44	6 1 3 3 1 1 1 2 1 3
45	1 1 8 1 1 1 1 2 1
46	4 1 1 1 1 1 3 4 2 1
47	1 1 1 1 6 2 1
48	15 1 3 16
49	16 6 16
50	25 16

B34 천천히 물을 부어내려요

난이도 ★★☆☆☆

50×50

열	힌트 (위→아래)
1	19 3 1 1 5 7
2	19 3 1 1 14
3	19 3 1 1 4 9
4	24 1 1 3 8
5	17 2 3 3 3 9
6	17 1 4 2 2 2 3 3
7	1 3 1 3 1 7 3 2
8	1 3 2 3 1 1 3 6 1
9	16 5 1 4 1 2 7 1
10	2 5 1 3 2 2 2 3 1
11	15 5 1 2 1 3 6 1
12	15 5 1 2 1 3 6 1
13	15 5 1 2 1 2 3 2 1
14	1 5 1 2 1 2 6 1
15	1 5 1 2 1 2 1 4 1
16	4 1 1 2 1 3 6 1
17	3 4 1 2 2 2 3 2 1
18	2 7 1 3 1 2 1 1 1
19	1 3 4 1 4 1 3 2 1 1
20	3 1 3 2 4 1 5 1 1 1
21	3 2 3 6 2 2 2 2 2 2
22	1 1 1 1 4 2 3 3 3 3
23	1 1 2 1 3 2 1 1 3 4
24	4 5 3 1 1 8
25	4 7 1 1 8
26	4 4 1 1 1 8
27	5 1 1 1 9
28	3 4 1 5 2 6
29	2 5 4 1 3 3 1 5
30	6 4 1 1 1 2 2 4 4
31	2 2 3 2 1 2 1 1 2 2 4
32	5 4 2 1 1 1 1 3 2 4
33	3 4 3 1 1 1 2 2 2 2 3
34	7 3 1 1 1 1 1 2 3
35	7 4 1 1 1 1 2 3
36	6 3 1 1 1 2 2 3
37	5 3 1 1 1 2 2 3
38	4 3 1 1 1 2 2 3
39	2 2 1 1 1 1 3 2 3
40	2 1 1 1 1 1 3 2 3
41	4 2 2 1 1 1 3 3 3
42	6 1 1 1 2 4 3 3
43	6 2 2 1 1 3 3 4
44	2 1 2 2 1 1 1 2 2 1 2
45	2 2 1 2 2 1 2 5 2 1
46	1 3 2 2 2 1 7 2 2
47	2 2 2 2 2 1 1 1 2 4 3 1
48	2 6 3 2 1 1 2 2 5 3
49	2 1 4 3 1 1 5 3 4
50	2 10 1 1 1 2 5

행	힌트 (왼쪽→오른쪽)
1	6 1 3 3 4 1 2
2	6 1 3 11 5 1
3	6 1 3 2 13 2 1
4	6 1 3 9 4 2 2
5	6 1 3 3 4 6 2
6	6 1 3 2 4 2 4
7	6 1 3 2 4 2 2 1
8	6 1 3 2 4 3 3
9	6 1 3 6 3 1
10	6 1 3 4 4
11	6 1 3 4 1 2
12	6 1 3 4 2 2 2
13	6 1 3 2 7 2 3
14	6 1 3 1 2 4 2 1 1
15	6 9 1 3 1 2 1
16	10 1 4 3 2 2 2
17	6 1 1 3 3 1 2 1
18	4 8 2 2 9 2 2
19	5 9 5 1 2 1 2 2
20	12 8 3 1 3 2
21	1 9 5 2 6 3 2
22	6 10 5 4 3
23	8 4 2 3 3
24	6 16 2 5
25	2 2 3
26	1 2 3
27	2 31
28	1 4
29	2 2
30	1 2 10
31	5 4 4 4
32	6 10 10 6
33	1 8 1 2 10 1
34	7 11 2 2 6
35	5 5 1 3 8 2
36	3 1 8 1 2 3 12 1
37	7 2 1 9 3 1
38	12 6 2 3 2
39	3 13 2 1 1 2
40	2 2 6 1 2 1 3
41	2 1 2 5 6
42	3 2 2 3 1 2 2 3 2
43	4 12 1 5 10 3
44	5 8 2 1 4 8 3
45	5 3 7 1 5 3
46	5 6 3 2 6 3 1
47	5 10 2 10 5 2
48	6 11 23 3
49	7 23 3
50	43 4

B35 기분이 축 처지고 웃음이 안 나요

난이도 ★★★☆☆

50×50

열	힌트
1	4 5
2	10 3 5
3	5 19
4	2 1 6
5	2 2 4
6	2 1 3
7	1 1 3
8	1 2 1 3
9	2 4 1 2 3
10	1 11 1 3
11	1 12 3
12	1 7 3
13	1 5 4 3
14	11 2 3
15	16 1 3
16	10 4 1 3
17	8 2 3 1 3
18	8 3 2 2 3
19	11 2 2 1 1 2 3
20	9 1 1 4 2 2 1 3
21	9 2 3 1 2 1 1 3
22	9 1 1 1 1 3
23	8 2 2 1 3
24	6 2 2 2 3
25	6 4 2 2 2 3
26	7 5 1 3 2 7 2
27	4 3 5 2 2 2 5 1 2
28	5 3 5 2 1 6 1 2
29	3 2 2 3 1 1 4 1 1
30	3 3 8 1 1
31	3 3 2 1 1
32	4 2 1 1 1
33	2 2 2 2 1
34	2 3 2 1 1 1
35	3 4 2 1 1 1
36	4 10 2 1 1 1
37	10 19 2 1 3
38	8 9 1 1 2 2
39	6 11 1 2 1 2
40	5 15 1 4 4
41	4 17 2 5 6
42	21 1 5 6
43	24 8 6
44	30 6
45	6 17 6
46	13 6
47	8 6
48	6
49	6
50	6

행	힌트
1	7
2	13
3	12 4
4	9 1 3
5	8 3 1 5
6	9 3 2 6
7	11 2 1 6
8	8 3 2 1 7
9	10 3 1 7
10	11 2 3 2
11	9 2 2 4
12	7 3 2 4
13	11 4 5
14	4 4 1 3 6
15	2 4 3 3 6
16	2 4 2 3 7
17	2 6 2 8
18	1 3 3 2 2 8
19	1 3 4 2 2 9
20	1 2 1 4 8
21	2 2 2 2 1 8
22	1 1 2 3 1 8
23	1 1 2 5 8
24	1 2 2 1 9
25	1 1 1 2 9
26	1 2 1 3 1 1 8
27	1 2 2 4 1 1 2 4
28	1 2 1 1 2 1 5
29	1 1 2 3 1 5
30	2 2 3 6 2 5
31	1 2 6 1 2 5
32	5 2 1 2 4
33	3 4 2 2 2 4
34	2 4 1 2 7
35	1 3 1 6 5
36	1 3 1 2 4
37	1 2 2 2 5
38	1 3 1 2 5
39	1 3 1 2 5
40	1 4 1 1 5
41	1 11 1 1 3
42	1 2 9 2
43	1 14 2
44	1 8
45	2 12
46	4 5 10
47	5 2 13
48	25 5 11
49	28 14
50	50

B36 삐익 소리로 신호를 보내요

난이도 ★★★☆☆

50×50

열	단서 (위→아래)
1	2 2 1 1 1 1 1 17
2	2 10 1 17
3	2 2 1 1 1 1 1 17
4	2 10 1 17
5	2 2 1 1 1 1 1 17
6	2 10 1 17
7	2 2 1 1 1 1 1 17
8	2 10 1 17
9	2 2 1 1 1 1 1 23
10	2 10 1 3 18
11	2 2 1 1 1 1 4 10
12	2 10 1 2 2 2
13	2 2 1 1 1 1 4 1 1
14	2 11 1 1 6
15	1 4 1 1 3 1 2 4
16	1 14 4 5 1
17	2 1 1 1 1 5
18	16 10 13
19	1 1 2 5 10 3
20	1 1 1 2 3 7
21	4 2 2 6 6
22	3 3 1 8 6
23	11 5 4 5
24	6 2 4 3 2 3 1
25	4 1 2 3 3 3 2
26	5 1 3 1 2 3 3 3
27	5 1 3 2 3 2 3 4
28	5 1 1 2 2 18
29	6 1 2 4 2 1 9
30	6 1 3 3 2 3
31	7 4 3 1
32	9 2 5 1
33	10 2 5 2
34	15 2 4 2
35	15 2 1
36	13 2 2
37	11 2 2 2
38	12 2 2 2 3
39	17 2 2 13
40	18 1 2 5 7
41	20 5 5 3
42	18 2 5 3 2
43	14 1 6 2 3
44	11 1 1 4 2 3
45	6 1 1 1 1 3
46	1 1 2 2 2
47	1 1 2 2 2
48	1 1 2 1 2 3
49	1 1 4 7
50	1 1 21

행	단서 (왼쪽→오른쪽)
1	11
2	14 17
3	17 20
4	2 23
5	15 1 23
6	16 1 23
7	1 1 1 1 1 1 3 1 2 15
8	16 1 2 14
9	1 1 1 1 1 1 1 1 1 1 14
10	16 1 1 13
11	1 1 1 1 1 1 1 1 1 1 5 12
12	16 1 2 3 8
13	1 1 1 1 1 1 1 1 1 2 4 3 6
14	16 1 2 2 2 2 6
15	3 5 2 2 5
16	13 2 1 2 13
17	1 1 4 6
18	2 1 3 1 11
19	3 1 3
20	7 1
21	4 6 1 2
22	1 1 3 2 2
23	1 2 2 2 2 2
24	10 1 2 3
25	2 1 3 1 7 3 1
26	4 1 2 1 7 4 2
27	2 2 1 2 3 5 3 2
28	3 1 1 1 1 1 2 2 4 2
29	1 1 1 1 1 1 1 2 4 2 2 2 1
30	1 1 5 1 2 1 4 3 2 7
31	1 1 2 1 1 2 2 5 2 2 2
32	1 3 2 3 2 2 2 2 1
33	2 1 1 6 2 2 1
34	10 2 2 2 2 2 1
35	10 2 3 3 4 2 1
36	12 8 1 5 2 1
37	13 8 1 2 1
38	11 9 1 2 1
39	11 10 1 2 1
40	11 6 4 1 1
41	11 4 3 1 1
42	11 3 3 3 1
43	11 2 2 7 1
44	11 1 2 12
45	11 1 2 2 8
46	10 1 2 2 2
47	10 2 3 2 2
48	10 1 5 3 3
49	10 1 6 2 3
50	10 7 2 3

B37 머리를 보호해요

난이도 ★★★☆☆

50×50

세로 힌트 (열, 왼쪽부터 순서대로, 위에서 아래로)

열	힌트
1	22 15 1
2	21 12 1
3	22 18
4	3 5 2 1
5	4 6 7 1 1
6	2 1 12 4 3 1 1
7	2 1 1 4 2 5 2 2 1
8	1 1 8 2 3 3 7
9	2 6 4 1 2 4 2 1
10	1 4 3 2 1 5 2 1
11	2 2 3 2 1 6 2 1
12	2 1 1 2 5 6 2 1
13	3 1 2 3 4 8 1 3 1
14	1 1 1 2 1 8 5 3 5 1
15	1 1 1 2 2 4 4 2 3 2 3 2
16	1 2 2 2 3 5 2 2 2 2 1 2
17	2 2 1 1 1 2 2 2 1 2 2 2 3 4
18	1 3 1 1 4 2 4 5 1 2 4
19	2 4 3 3 2 7 5
20	1 3 1 9 2 2 4 2
21	2 5 1 4 1 3 2 2 1
22	4 3 6 5 7
23	8 2 1 4 2 2 2
24	8 6 3 3 1
25	8 4 1 5 2 2
26	8 6 3 4 4 1
27	8 1 4 2 3 2 2
28	7 2 6 9 2 1
29	3 3 4 1 17 3
30	2 5 1 2 4 14 2 1
31	1 3 1 4 4 6 1 2
32	2 2 1 3 6 1 1
33	1 4 1 3 1 2 2 2 2 1
34	2 2 1 1 3 2 1 5 3 1
35	1 2 1 1 1 8 2 2 1
36	1 1 1 1 2 2 2 2 2 2 1
37	3 2 2 1 1 6 2 1
38	2 3 4 2 2 5 3 2 1
39	2 4 4 1 2 4 4 3
40	2 9 2 2 4 1 2 2
41	1 9 1 1 3 2 2 2
42	2 3 1 2 2 3 1 1
43	1 2 6 1 1 2 2
44	1 4 7 2 2 2 3
45	2 1 9 2 2 1 4
46	1 2 1 6 3 1 4
47	2 4 1 5 5 2 2 4
48	3 5 7 2 3 5
49	6 12 3 21
50	24 24

가로 힌트 (행, 위에서부터 순서대로, 왼쪽에서 오른쪽으로)

행	힌트
1	3 9 12 9 5
2	3 3 3 3 10 3 4 4 4
3	3 2 4 2 8 2 3 2 3
4	3 2 3 1 7 2 2 2 2
5	3 1 2 2 6 2 2 1 2
6	3 1 2 1 6 1 1 1 2
7	7 1 1 6 1 2 2 1
8	4 1 1 5 8 1 1
9	11 6 2 5 1
10	3 2 8 2 17 1 1
11	3 2 3 8 1 12 1
12	3 2 3 4 2 1 4 5 4 2
13	3 5 3 3 2 2 1 3 3 2
14	3 5 2 11 2 2 3 2
15	3 3 1 3 3 2 2 4 2
16	3 4 2 12 2 4 3
17	3 1 2 4 13 1 7 4
18	3 2 3 2 2 3 3 5 4 3 4
19	6 3 15 2 3 4
20	7 4 2 2 3 2 4
21	5 2 7 6 4 4
22	1 3 3 4 2 3 2 3
23	3 2 4 2 3 2 2
24	3 2 2 2 6 5 1
25	2 3 1 5 4 2
26	3 5 2 2 1 2 3 1
27	1 3 9 2 4 2 4 2
28	1 11 2 2 2 2 2 2 3 2 1
29	1 1 2 1 3 2 1 3 2 1 1
30	1 9 2 4 3 4 3 3
31	2 9 4 4 4 2 2
32	2 9 2 5 4 1 2
33	3 6 7 2 4 2 2
34	3 6 4 2 1 4 1 2
35	3 3 1 3 2 6 2 2
36	3 1 2 3 1 5 2 2
37	3 2 2 1 2 4 1 3
38	3 1 2 2 3 2 3
39	3 2 1 3 2 3
40	3 2 1 1 1 4
41	3 3 2 4 2 4
42	3 2 1 2 4 5 1 2
43	5 2 8 6 5 2 2
44	1 4 4 4 2 2 3 1 2
45	1 2 3 2 2 2 2 4 2
46	1 1 3 4 3 2 3 2
47	1 1 4 1 3 3 1 1 2
48	1 1 2 1 3 2 2 2
49	1 1 3 1 3 3 2 2
50	16 1 1 14 2

B38 후 불면 날아가요

난이도 ★★★☆☆

50×50

Column	Clues (top to bottom)
1	6 6 4 4
2	2 2 9 6 4 3
3	2 4 2 3 2 2 1 4 2 1 2 1 1 3
4	8 1 2 4 3 1 4 4 2 1 1 6
5	2 5 2 12 2 4 2 2 7
6	1 2 1 2 10 4 1 2 2 1 1 5
7	1 4 1 10 1 2 1 1 1 5
8	1 4 1 10 1 3 1 1 1 1 1
9	2 4 1 10 2 1 1 1 1 4
10	8 1 6 2 1 2 5 1
11	6 2 4 2 4 2 1 2
12	1 3 2 4 1
13	2 3 3 3 2 2
14	3 7 10 2 2
15	4 4 2 3 2 2 1
16	4 2 2 6 1 2
17	3 2 5 3 7 3
18	2 1 6 3 1 7
19	2 1 6 9 4 2
20	2 2 5 4 3 6 2
21	1 1 2 1 5 3 1 2
22	2 4 1 2 4 2 6
23	2 2 5 2 11
24	5 1 14 18
25	12 7 19
26	8 4 1 3 3 20
27	6 2 2 1 20
28	6 1 1 5 14
29	9 2 4 13
30	10 2 6 13
31	9 4 2 4 13
32	7 4 1 14
33	11 1 2 14
34	12 2 2 14
35	12 2 2 13
36	9 1 2 12
37	11 1 12
38	14 10
39	19 9
40	18 8
41	17 6 8
42	15 7 7
43	14 8 7
44	13 16 1
45	13 17 3
46	34 5
47	19 6 6 6
48	17 7 5 6
49	14 7 12
50	10 7 7

Row	Clues (left to right)
1	7 4 1 9
2	4 2 5 2 17
3	2 1 2 9 21
4	1 2 2 6 23
5	1 2 2 24
6	1 3 3 4 25
7	1 9 2 2 26
8	2 8 2 2 1 4 3 17
9	2 1 4 1 4 1 3 3 17
10	6 1 4 1 3 2 3 14
11	8 1 1 3 14
12	7 6 2 3 13
13	4 3 4 4 3 13
14	3 1 3 5 13
15	2 5 2 2 2 2 5 6
16	2 7 1 1 2 1 4 5
17	2 8 2 2 3 5
18	11 3 3 3 3 5
19	11 1 5 3 2 5
20	2 7 2 11 5
21	2 7 11 5 5
22	8 3 2 1 1 4 7
23	10 4 1 1 2 2 6
24	6 1 1 3 1 1 2 9
25	4 2 1 2 1 1 3 10
26	2 2 2 7 1 9 10
27	4 1 1 2 1 1 1 2 3 10
28	4 1 4 1 1 2 1 9
29	6 2 1 1 3 2 8
30	4 1 2 4 3 3
31	1 3 6 7 1
32	9 2 3 5 1 9
33	3 2 1 2 6 12
34	5 1 2 1 6 14
35	7 1 1 2 6 15
36	1 5 4 4 16
37	5 2 2 5 12 3
38	9 2 2 18 2
39	1 2 1 18 2
40	5 1 1 17 2
41	2 5 1 1 16 2
42	3 3 16 2
43	1 4 2 16 3
44	3 3 16 2
45	4 2 15 3
46	6 16 3
47	4 3 15 3
48	4 1 3 13 4
49	6 2 12 3
50	2 10 4

B39 맑은 소리를 내는 관악기예요

난이도 ★★★☆☆

50×50

가로 (행) 힌트

행	힌트
1	1 3 5 4 12 5
2	1 4 5 5 17 4
3	1 1 1 1 1 5 19 3
4	1 2 2 3 3 6 13 4 3
5	1 3 1 3 3 3 14 4 2
6	1 3 3 16 3 2
7	2 5 2 2 17 3 2
8	2 5 3 1 16 2 2
9	2 1 1 3 1 19 4 2
10	2 2 1 1 1 2 14 2 2
11	3 3 2 3 1 2 13 2 1 3 2
12	3 3 3 3 3 8 3 5 4 3
13	4 2 2 3 7 2 1 1 3
14	7 2 7 1 1 1 3
15	12 3 6 2 1 3
16	16 3 5 2 2 3
17	18 4 6 1
18	8 7 3 1 2 3 6
19	7 4 4 7 3 8 1
20	6 2 4 3 1 2 5 1
21	4 2 3 1 5 8 2 2 8
22	3 6 1 4 5 2 2 1 2 5
23	3 1 1 6 3 4 7 5
24	7 9 2 1 9
25	6 10 2 2 1 1 9
26	2 4 2 4 1 1 2 8
27	2 7 2 5 2 2 1 3 5
28	6 2 1 5 1 1 2 6 3
29	1 1 3 4 2 1 5 2
30	1 1 2 4 2 1 2 2 1
31	2 2 4 3 2 2 2
32	2 2 4 1 1 2 1
33	3 2 5 2 2 4 1
34	2 1 5 1 2 4 1
35	2 2 7 1 6 1
36	2 1 1 8 2 5 1
37	1 1 1 11 4 1
38	2 1 2 12 3 2
39	1 1 3 13 2 1
40	2 1 2 2 15 2 1
41	2 2 2 2 15 1 1
42	1 2 2 18 2 1
43	1 1 2 18 2 1
44	1 1 2 19 1 1
45	1 1 2 19 1
46	2 3 19 2
47	2 2 20 1
48	1 3 20 2
49	2 4 21 2
50	6 26

세로 (열) 힌트 (위에서 아래 순)

열	힌트
1	23 4 8
2	17 4 4 4
3	2 13 1 1 4 2
4	3 9 2 1 4 1
5	6 2 7 4 7 1
6	2 3 7 1 2 2 3 2
7	2 2 6 6 2 1 1 2
8	3 2 4 5 1 3
9	2 2 3 2 1 1 1 9
10	2 3 3 1 4 5 8 3
11	2 6 3 1 1 1 3 3 2
12	2 3 5 2 2 2
13	5 3 3 1 1 2 2 2
14	2 3 3 1 2 1 2 2
15	2 2 6 3 4 1 4 2
16	2 2 3 4 1 3 1 2
17	5 4 3 3 2 2 2
18	3 1 1 1 1 2
19	4 2 3 1 1 6
20	10 2 1 3 5
21	4 6 3 1 4 6
22	4 4 4 1 1 2 1 3 11
23	4 8 3 3 1 1 5 12
24	3 10 2 1 1 2 21
25	4 10 4 1 1 20
26	4 11 1 6 19
27	2 15 1 5 18
28	1 15 1 1 2 3 17
29	16 1 1 3 2 16
30	11 2 1 2 4 2 16
31	11 1 2 1 2 1 15
32	13 2 2 3 14
33	14 2 2 18
34	12 1 15
35	10 6 13
36	9 1 9 11
37	9 1 1 1 4 9
38	7 1 1 1 1 3 7
39	7 1 2 2 1 2 2 6
40	5 1 2 1 7 2 4
41	3 2 2 2 2 3
42	3 1 2 1 2 2 5 2
43	3 3 2 2 2 3 11 1
44	4 1 1 2 1 2 3 12 1
45	6 1 2 4 1 3 2 8 1
46	1 14 2 1 5 1 4 1
47	2 7 1 1 5 2 3 2
48	4 5 1 1 6 2 2
49	16 1 1 7 8 3
50	16 4 8 9

B40 지나가는 차에 엄지손가락을 들어요

난이도 ★★★☆☆

50×50

열	힌트
1	9 1 14
2	9 6 1 15
3	10 1 1 3 1 16
4	10 1 1 1 1 1 17
5	11 5 1 2 1 16
6	12 1 6 1 13
7	12 3 2 11 4
8	13 4 1 7 9
9	13 2 2 4 14
10	14 1 3 1 17
11	14 4 2 21
12	14 1 1 21
13	13 2 1 21
14	11 5 1 1 18
15	9 4 3 2 1 15
16	1 2 2 2 1 1 7 3
17	4 1 1 6 4 1
18	11 23
19	5 2 12 1
20	6 2 5 4 1
21	6 2 1 4 3 2 1
22	6 3 1 2 1 2 1 4
23	5 2 1 1 6 1 1 5 4
24	5 2 1 1 2 1 1 1 1 4
25	5 2 2 2 1 1 7
26	6 5 3 1 1
27	8 4 4 5 1
28	6 3 8 2 1 1 1
29	9 7 4 1 1
30	5 1 2 2 5 1 1
31	1 1 7 1 12
32	3 4 2 4 4 3 4
33	3 15 2 8
34	2 16 11 5 2
35	2 6 15 3
36	2 6 2 9 1
37	3 5 2 1 3 1
38	4 4 3 1 1 1 4
39	4 5 2 1 1 4 2
40	5 6 2 1 1 1 1 5
41	5 6 2 3 1 1 4
42	5 7 5 4 1
43	6 7 6 2 2 1
44	6 21 1 1
45	6 20 3 1
46	7 10 7 13
47	9 1 2 1 5 2 4
48	9 1 2 2 1 3 4
49	9 2 2 4 1 2 3 3
50	8 1 5 8 3 3

행	힌트
1	3 5
2	7 7 8
3	10 11 11
4	12 12 15
5	13 13 18
6	15 14 3 8
7	15 6 5 2 7 6
8	15 2 4 1 11 5
9	16 1 2 2 1 2 11 5
10	16 1 2 2 1 2 13 4
11	15 1 1 2 5 7 4
12	14 3 4 9 7 3
13	13 2 2 2 2 4 5
14	13 1 2 2 3 2 2 4
15	1 5 2 3 2 2 3
16	3 1 4 5 2 1 4
17	1 1 6 2 7 4 4 2
18	4 2 2 5 3 2 4 2 8
19	1 1 1 2 2 3 2 4 6 1
20	5 1 2 2 2 6 7 2
21	1 1 2 1 2 2 5 7 2
22	5 6 2 3 5 1 2 2 1
23	2 1 1 2 2 2 2 4 4 2 3
24	4 1 2 1 3 2 2 1
25	3 2 3 1 2 2 2 1
26	4 3 2 3 2 2 2
27	3 5 3 5 2 2 1
28	5 2 1 2 3 2 3 1
29	2 4 1 3 2 2 4 1
30	18 2 1 5 2 1 1 3
31	3 3 1 4 1 2 1 1 1
32	4 3 1 1 1 1 3 2 2 1
33	5 4 1 3 1 3 4 2
34	5 5 1 12 1 5
35	6 5 1 1 1 2
36	7 6 15 1 1
37	7 7 1 1 1 1
38	7 7 2 1 14
39	7 9 1 1 1
40	7 9 1 2 1 3
41	6 9 2 1 1 5
42	6 9 2 4 5
43	6 9 2 4 2 1
44	6 9 4 4 2 1
45	5 9 2 1 1 1 2 3
46	5 8 1 1 1 1 3 5
47	5 9 2 1 3 1 2 5
48	5 10 1 1 2 1 1 5
49	4 10 1 1 3 2 1 1
50	4 11 1 1 1 1 1 1 1

B41 충성!

난이도

55×55

B42 + B43 불을 끄러 달려가요

55×55

5
3 1
3 1 2 1 2
3 5 6 3
1 8 5 1 3 6 3
2 10 1 2 2 3 1 5
1 1 4 4 3 1 1 5
2 1 1 1 2 2 1 1 5
1 1 1 1 3 1 2 1 4
1 1 10 4 9
1 1 2 1 1 1 2 2 2
1 5 1 1 2 1 1 3
1 1 3 1 1 1 1 2 3
2 1 2 2 1 1 1 1 3 3
2 1 1 4 5 1 2 1 3
6 1 1 4 3 1 1 5
2 1 1 1 1 1 3 1 5
6 4 1 1 1 5 9
2 9 1 4 2 5
1 5 9 3 4
2 1 2 2 2
25 2
20 2 1 4 2
13 3 2 1 2 2 2
3 3 3 1 2 2 2
2 3 3 1 2 2 2
5 3 3 1 2 2 1 2
5 3 3 1 2 3 2 3
5 4 4 1 2 3 1 1 2
5 17 4 1 1 1
6 4 2 3 1 2 4 3 2
1 3 4 3 1 2 4 3 2
2 2 3 2 2 1 2 4 1 2
1 2 2 1 1 1 1 2 4 3
1 3 2 4 1 1 2 5 2
2 3 4 2 2 1 2 6 3
6 5 3 1 2 10
6 5 2 3 1 2 5 2
6 12 1 2 4 3
6 4 10 2 3
1 2 4 3 1 2 2 3
1 2 4 3 1 2 2 3
1 2 5 3 1 2 2 3
5 4 2 1 2 2 3
3 4 3 1 2 2 3
3 4 3 1 2 2 3
2 4 2 1 2 2 2
3 4 2 1 2 2 2
3 3 2 1 2 2 2
3 4 2 1 2 2 2
3 4 2 1 1 2 2
4 5 9 3 1
24 9 2 1
43 1
47

8
8 1 8
3 5 12
3 19
5 12 4
14 3
10 3
9 3
6 3
3 3
2 3
2 3
2 3
2 3
2 3
2 3
7 3 2 3
2 2 2 4 3
1 2 1 3 3
3 1 1 3 3
1 1 1 2 4
8 1 1 2 6
2 5 6 13
2 1 2 2 2 20
3 1 1 2 2 27
4 2 31 2
5 3 16 8 2
9 2 2 11 3 2
4 1 6 1 1 2 1 2
2 1 1 1 2 1 2 2 2
2 1 5 1 2 1 2 2 11
1 1 1 2 1 9 2 17
4 9 4 11 10 4
2 2 1 1 2 1 1 9 8 4
16 1 1 12 4
1 2 3 1 1 1 1 1 11
1 3 4 6 9 5 4
4 3 4 2 1 11 4
5 2 4 1 1 6
2 7 2 30 2
2 1 4 28 2
1 3 3 2 2
5 3 3 2 2
1 6 2 2 4
2 1 1 2 29 1
1 3 2 2 27 1
1 1 1 1 2 12 1
1 1 2 4 3 10 1
6 3 2 4 4
1 1 2 4 5 2
5 7 3 1
5 5 5 2
7 7 2 13
8 5 3 21
6 3 6 16

\+

난이도 ★★☆☆☆

55×55

4 3 1 12 6
3 9 1 7 8
4 2 3 1 5 13
4 1 1 2 4 16
3 1 6 3 17
4 1 4 3 17
3 2 5 3 5 6
3 7 3 3 4 5
4 5 4 3 4 5
3 4 3 5 5
3 4 4 15
4 4 4 14
3 5 5 9
21 7
28 8
20 4 1 1
4 4 5 4
3 3 3 11
3 3 3 1 2 1
4 3 2 1 3 2
3 3 3 2 1 3 2
1 2 3 3 2 1 3 2
4 3 2 2 1 3 2
1 2 1 2 3 2 1 3 2
1 8 2 3 2 1 2 3
2 8 2 3 2 1 2 2
1 1 1 2 3 3 1 2 2
10 16 3 1 2 2 1
1 1 2 21 1 2 2 1
1 1 1 15 15 1
3 1 2 1 1 1 2 2 6 4 1
9 2 1 1 1 2 1 2 5 2 1
1 8 1 1 1 1 2 1 1 3 2 1
1 1 1 1 1 1 1 2 2 3 6 1
10 2 2 2 1 2 5 10 1
1 1 1 2 1 1 1 3 4 12 1
1 1 2 1 1 1 1 2 4 13 1
10 2 2 2 1 2 4 13 2
1 1 1 2 1 1 1 2 4 5 2
1 7 2 1 1 5 5 3 4 2
3 2 2 1 5 7 4 5 2
3 1 2 4 1 1 3 11 2
1 7 2 2 1 3 2 7 2
9 4 11 3 2
2 1 4 3 3 4 2
9 5 4 1 2
9 4 7 3 1 2
2 1 3 4 4 3 1 3
8 3 2 5 2 1 2 3
3 1 1 1 3 3 1 1 3
9 2 10 2 1 3
2 2 3 7 3 1 3
2 4 5 1 3
1 20 4
4 4

6
1 1 1 3
4 5 4
6 7 5
9 2 5 4
10 2 1 4 4
10 2 1 2 4 4
9 2 1 2 1 5 4
9 2 1 2 1 1 1 9
13 1 2 1 1 1 2 7
10 4 2 1 1 1 2 2 4
3 6 5 1 1 1 2 2 1 1
3 5 6 1 2 2 1 1
3 7 5 2 2 1 1
5 3 9 7 1 1
2 2 3 3 6 6
1 2 3 3 8 2
1 2 3 8 13
1 2 3 3 4 6 3
1 2 3 3 15 1
1 2 2 3 8 2 2 5
3 1 2 3 3 4 2 2 4
3 3 4 3 5 1 2
3 13 8 1 2 2 2
19 3 6 1 4 1
30 5 2 3 1
28 1 1 3 2 1
1 17 1 3 2 1
1 1 6 2 1 1 2 1
1 1 1 2 1 1 2 1
19 6 5 3 2 1
31 8 1 2 2 1
30 1 7 1 1 2 1
4 7 4 2 8 2 4 2
3 6 2 2 2 9 1 2 2
2 9 1 18 2 2 3
2 9 2 1 5 5 2 3 4
1 11 1 1 4 7 11
1 5 4 1 1 3 8 5 1
1 4 3 1 1 3 5 3 1 6
1 4 3 1 1 11 4 2 5
1 4 3 24 2
5 3 1 8 9 2
6 3 4 7 5 2
6 3 15 6 3
7 4 6 10
12 9
12 8
12 6
10
6
2
8
18
28

B44 멋진 걸 해도 어울리지 않을 때 쓰는 말이에요

난이도 ★★★☆☆

55×55

B45 바위를 잘 타요

난이도 ★★★☆☆

55×55

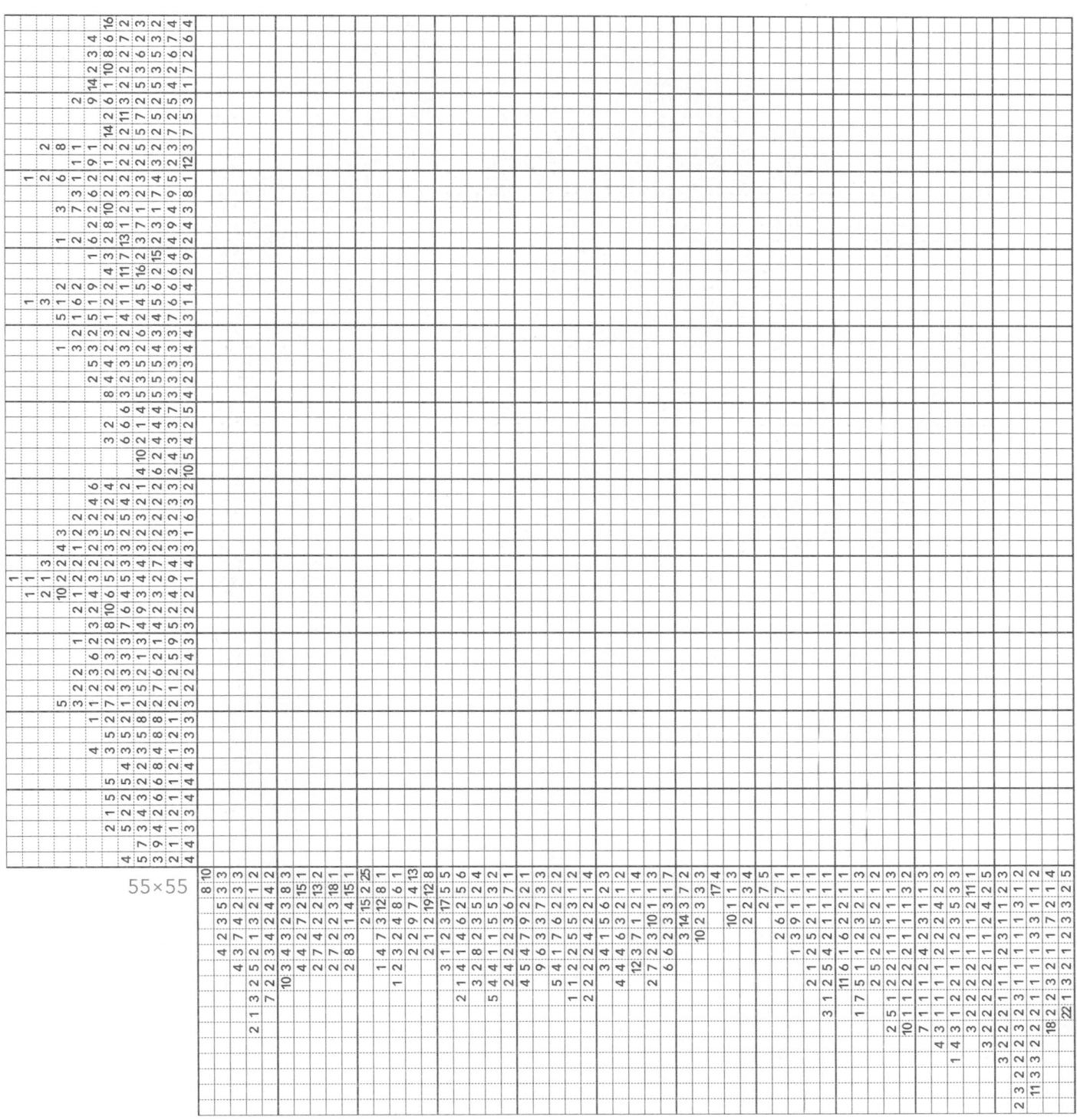

B46 자식을 바르게 키운 멋진 어머니예요

난이도 ★★★☆☆

55×55

B47 시민을 지키는 사람이에요

난이도 ★★★½☆

55×55

Column clues (top to bottom)

1. 2 12
2. 11 5 8 5
3. 13 4 2 3 4
4. 12 4 8 2 5 2
5. 3 4 11 6 6 1
6. 5 1 3 11 10 7 2
7. 7 2 3 1 15 7 1
8. 2 5 3 4 2 15 5 1 1
9. 3 3 5 1 1 1 15 6 1
10. 3 2 7 2 2 1 7 9 6 1
11. 3 1 3 1 1 1 1 2 1 2 1 5 1
12. 1 1 1 2 1 1 1 3 2 3 4 1
13. 1 3 1 1 1 1 2 1 3 3 4
14. 1 3 1 1 2 1 1 1 3 4 3 2
15. 1 3 1 1 1 3 11 2 1
16. 1 1 1 1 1 4 2 4 3 1 1
17. 1 1 1 2 1 5 3 3 1 2 1
18. 3 1 2 1 9 1 3 1 1 1
19. 1 1 1 2 1 6 3 6 2 1 1 1
20. 1 3 3 1 8 4 3 4 1 1
21. 1 3 3 1 9 2 4 1 1 1
22. 5 4 1 4 4 1 2 6 1 3 2
23. 1 3 4 1 4 5 1 1 9 4 2
24. 1 1 1 5 1 3 3 2 1 9 9
25. 1 1 1 5 1 4 4 5 10 2 3
26. 1 3 6 1 10 12 2 3
27. 1 3 6 1 8 3 11 3 3
28. 3 2 5 1 1 3 1 2 1 7 2 3
29. 2 7 1 3 1 2 4 1 8 3
30. 8 1 1 1 2 2 4 6 3
31. 6 2 1 1 2 2 5 2 5
32. 5 1 1 1 3 1 4 4
33. 11 2 2 2 1 1 3 6
34. 11 2 1 1 1 3 3 2 4
35. 11 2 1 1 1 5 13 3
36. 2 2 2 1 1 5 2 1 1 1
37. 2 6 2 6 2 2 2 1
38. 1 2 2 11 3 1 1 1
39. 2 2 1 3 3 3 1
40. 3 2 4 1 3 1
41. 7 2 3 1 1 3 2
42. 2 3 4 3 2 1 2 3 1
43. 2 2 6 2 2 1 1 2 1
44. 2 3 5 2 2 11 1 2 1
45. 6 7 1 11 1 2 1
46. 5 3 1 2 13 2 1 2
47. 7 2 3 18 1 1 1
48. 5 2 4 3 17 1 1
49. 6 4 1 1 8 2 2
50. 1 4 2 1 6 2 1 1
51. 2 6 2 9 3 1 2
52. 2 4 1 12 1 2 3
53. 3 2 12 1 10
54. 13 2 13 2 11
55. 11 8 8 11

Row clues (left to right)

1. 3 20 3 6 2
2. 3 4 1 1 2 3 8 2
3. 3 22 3 1 5 2
4. 3 3 4 2 3 3 6 2
5. 3 19 3 12 2
6. 3 3 2 3 7 3 2
7. 3 3 17 2 3 1 1 3 2
8. 3 4 2 14 3 2 2 2 2
9. 3 3 2 12 3 2 2 4
10. 8 1 26 3
11. 7 2 23 4 3
12. 5 2 7 4 5 1
13. 2 4 4 4 6 2
14. 1 27 4 6 1
15. 3 4 2 2 3 2 1
16. 7 2 1 2 2 2
17. 5 2 2 2 3 3
18. 1 8 6 4 2 2 3 1
19. 1 5 5 8 6 3 6 1
20. 1 3 3 10 3 2 2 4 2
21. 2 3 1 6 3 3 3 2 2 2
22. 2 2 12 2 1 11 8
23. 2 4 8 9 1 9
24. 2 3 8 11 2 10
25. 2 3 2 3 19 10
26. 2 3 2 3 8 1 11
27. 1 3 2 1 1 4 2 12
28. 5 1 3 2 2 2 4 6 5
29. 8 1 1 2 2 9 6 5
30. 7 1 9 3 2 5 5 5
31. 9 1 3 1 1 2 7 5 4
32. 6 4 1 3 4 1 3 5 4
33. 4 1 1 1 2 4 5 2 1
34. 4 3 1 2 2 1 5 2 2
35. 4 6 8 2 1 3 5
36. 5 14 1 1 2 1
37. 5 13 2 1 1 3
38. 7 1 10 1 1 5
39. 8 2 8 1 1
40. 6 1 1 7 1 1
41. 6 2 4 8 2 1
42. 6 1 2 7 1 1
43. 7 2 10 1 1 3
44. 2 2 4 1 8 5 7
45. 1 5 1 2 4 3 15 4
46. 13 2 1 8 3
47. 1 10 2 4 4 3 3
48. 1 11 9 2 3 3
49. 10 1 9 2 1 1 4
50. 6 3 1 3 4 3 4
51. 1 3 1 1 1 8 4 5
52. 2 1 1 9 6 3 3
53. 3 3 18 2
54. 5 2 8
55. 13

B48 별과 행성 사이를 떠다녀요

난이도 ★★★☆☆

55×55

Column	Clues
1	7 5 2 5
2	2 4 5 8
3	1 4 4 2 3
4	2 4 4 3 2
5	5 6 4 4 3
6	3 3 5 4 13
7	1 4 2 3 4 12
8	3 2 1 1 3 4 4 6
9	1 1 2 1 2 3 2 2 12
10	1 2 1 3 1 3 1 2 12
11	3 1 3 3 3 1 2 11
12	1 1 3 1 4 4 2 4 5 1
13	1 3 1 1 5 5 4 4 5
14	1 1 2 2 2 3 7 2 2 3 2
15	2 1 1 1 3 2 1 11 2 4 1
16	2 1 2 3 2 1 8 1 2 1
17	1 2 2 3 3 2 3 1 5 2 1
18	2 5 3 4 2 3 4 2 3
19	3 5 5 3 5 3 3 2 1
20	4 2 4 1 11 3 4 2 1 1
21	5 10 14 4 2 2 2 2
22	6 7 3 5 2 2 3 2 3
23	7 3 2 3 2 2 2 3 1 2 1
24	8 8 2 1 4 1 3 3 3 2
25	10 1 1 2 1 4 1 3 3 1 3
26	9 2 1 4 2 2 2 3 4 1 3
27	5 2 5 3 2 3 3 2 4 2 3
28	4 2 2 3 2 2 2 7 3 5 4
29	3 1 7 2 4 4 3 3 4
30	2 4 5 2 2 10 3 5
31	2 3 3 3 5 3 12 5
32	3 3 8 3 2 2 4 8 5
33	1 6 10 2 2 7 5 5
34	1 4 11 2 2 10 5
35	2 7 8 2 4 5 4
36	4 2 2 9 2 7 4
37	3 2 13 2 3 7 4
38	1 1 1 12 2 6 2 1 1 3 3
39	1 1 12 16 2 2 3 3
40	1 2 2 12 5 2 8 2 2 2
41	1 1 2 13 4 6 4 2 1
42	1 2 4 10 3 5 2 2 3
43	1 1 3 5 2 3 4 2 4 1
44	2 2 2 1 3 3 2 5 2 2
45	2 1 3 1 2 4 3 7 2 2
46	3 2 9 6 2 4 4 4
47	3 2 6 3 2 2 3 2 4 2 1
48	4 3 2 2 4 2 2 1 1 1 1
49	5 3 2 2 3 2 2 1 1 1
50	6 6 1 2 5 2 4 4
51	8 4 2 4 3 1 1 1 1
52	9 3 2 2 6 4 2 5 1 1
53	14 4 8 2 3 1 1 2
54	15 2 11 2 5 5
55	33 5 2 2

Row	Clues
1	5 39
2	4 2 15 3 12
3	1 3 2 11 2 5 10
4	5 1 2 9 1 2 3 8
5	1 7 1 7 3 3 7
6	4 1 1 5 9 3 6
7	4 3 1 5 6 4 2 5
8	1 2 3 5 5 4 2 5
9	4 2 1 2 5 3 5 1 4
10	1 3 3 2 2 10 2 2 3
11	5 7 1 3 5 2 1 3
12	1 3 6 2 3 6 2 2 3
13	2 4 4 4 13 2 1 4
14	6 2 1 3 13 2 6
15	5 2 1 1 1 13 2 3 2
16	2 2 1 1 2 16 2 1
17	2 3 7 12 1 4 1
18	2 3 3 11 3 2 2 1
19	2 5 2 2 13 2 3
20	6 2 3 11 2 3
21	4 5 3 7 4 2 1
22	9 2 4 4 2 2 2
23	3 3 2 2 13 3 2
24	9 3 2 2 11 3
25	3 4 5 2 2 4 2 4
26	2 4 4 5 3 2 5
27	1 3 4 3 2 3 1 6
28	2 3 4 2 2 2 2 11
29	1 3 9 2 1 2 7 5
30	1 4 4 2 3 2 4 2 4
31	7 3 3 2 2 4 2 3 1 3
32	2 7 3 2 4 1 4 2 3 2 2
33	1 6 2 3 4 1 5 1 2 6 1
34	1 1 4 2 5 2 9 4 8
35	2 2 3 5 3 5 9 4 1
36	5 3 3 9 6 2 3 2
37	6 6 3 5 4 1 4 6
38	9 2 7 7 2 3 3 2
39	6 1 14 1 1 2 2 1
40	8 2 10 1 2 3 2 1
41	5 2 6 5 1 3 1
42	3 6 4 1 1 1 3
43	6 8 2 1 1 2 1 1
44	10 1 5 2 1 2 2 1 1 1
45	13 3 4 1 5 1 1 1 1
46	2 12 1 1 3 1 1 1 4 3
47	10 1 2 3 2 2 1 3
48	2 4 5 1 2 4 1 3
49	2 9 5 2 3 3 2
50	10 3 2 3 3 1 2
51	3 7 4 3 4 5 2 3 2
52	2 6 1 3 4 10 4 11
53	3 7 1 2 2 15 2 2 2 1
54	11 2 1 2 17 5 1 3
55	7 4 8 19 12

B49 차를 따르며 마음을 가라앉혀요

난이도 ★★★★☆

55×55

Column	Clues (top to bottom)
1	1 5 3 5
2	5 3 6 3 4
3	10 2 2 6 3 3
4	4 4 2 2 6 3 2
5	3 4 3 6 3 3 1
6	3 5 3 1 6 2 2 2
7	4 7 2 1 4 1 7 2 3 2
8	8 3 6 3 2 5 2 4 1
9	3 11 4 6 11
10	1 2 4 3 3 1 2 10
11	2 2 3 3 1 1 1 5
12	2 2 2 2 4 1 2 2 1 2
13	1 8 2 4 1 1 2 1 1
14	2 2 3 2 3 1 2 2 1 1
15	3 2 2 2 3 2 2 2 1 1
16	6 2 2 2 2 3 2 1 1
17	2 3 1 3 2 3 2 1 1
18	6 2 3 5 2 6 3
19	1 5 3 4 1 2 2 6 4
20	3 5 6 1 1 2 4 5
21	6 8 2 1 1 3 9
22	3 7 1 3 2 1 1 4 4
23	2 9 4 3 1 1 1 3 3
24	2 6 4 2 1 1 1 2 2
25	2 2 2 9 3 2 2 1 2 2 1
26	1 2 1 5 4 2 7 3 2
27	2 2 2 2 3 2 2 12 2
28	2 2 1 1 6 1 2 2 6 1
29	1 2 1 2 2 4 1 2 4 6
30	3 2 2 1 4 2 1 3 1 1 2 1 3
31	6 2 1 2 1 2 2 7 1 1 1 3
32	8 1 1 7 2 6 1 1 1 3
33	6 1 13 10 1 3
34	3 4 10 6 1 3
35	2 1 14 1 1 1 3
36	2 2 10 1 4 1 2
37	1 2 10 2 2 5
38	2 2 9 1 1 7
39	2 2 9 2 11
40	2 1 9 4 5
41	1 2 9 1 2 3
42	1 2 9 2 3 2 1
43	1 2 8 3 1 1 2 1
44	2 3 7 10 2 1
45	3 2 7 5 3 2 1
46	3 4 7 3 2 3 1 2
47	3 6 6 4 2 4 2
48	1 2 6 6 1 2 2 4 2
49	2 3 6 6 1 2 2 4 2
50	2 11 6 1 2 2 4 2
51	1 5 1 6 1 2 2 3 2
52	3 1 7 2 1 2 3 3
53	2 3 1 7 1 3 4 3
54	2 3 2 7 2 2 5 3
55	2 10 7 12 3

Row	Clues (left to right)
1	5 5 3
2	4 4 2
3	4 3 3
4	2 1 2
5	1 2 3
6	1 2 3
7	2 1 1 2
8	2 1 1 3
9	1 1 2 6 3
10	1 2 2 10 7
11	1 2 2 2 4 6 6 1
12	1 1 2 2 3 2 10 2
13	2 2 1 2 2 4 5 1
14	2 2 2 3 1 3 2 2
15	3 2 1 4 2 2 1 1
16	2 2 1 2 2 3 3 2 2
17	2 13 2 3 1 1
18	2 9 2 1 4 4 1 1
19	3 3 1 2 3 2 2 4 1 1
20	1 4 3 1 2 2 7 12 2 1
21	2 2 6 2 5 10 8 1
22	2 2 4 1 1 1 3 6 1
23	2 3 2 2 1 3 6 1
24	2 3 3 1 2 3 5 1
25	2 10 2 2 2 4 2
26	2 6 4 2 2 7
27	2 3 2
28	2 5 3
29	3 3 5 5
30	3 3 17 4
31	4 2 2 24
32	5 2 6 23
33	8 2 3 2 22
34	2 12 2 2 22
35	4 10 2 2 22
36	2 4 4 2 2 3 22
37	4 2 6 4 12
38	2 1 9 8 6
39	3 13 1 1 4 3
40	20 6 3 9 2
41	9 4 3 3 11 1
42	9 8 3 2 2 3 3
43	8 3 8 3 8 1 12
44	7 2 7 4 2 2 2 3 7 1
45	6 1 5 5 2 7 1 1
46	2 4 6 8 1 1 1
47	19 2 2 1 5 2
48	10 5 1 2 2 2 3 3
49	5 2 1 6 2 2 11
50	5 1 1 5 4 2 10
51	1 7 2 2 16 2 9
52	2 1 6 4 2 3 6 6
53	3 2 4 11 2 15 4
54	4 2 4 7 2 12 10
55	5 2 16 9 14

B50 낡은 신발을 고쳐줘요

난이도 ★★★☆☆

50×60

열	힌트
1	6 4 5 4 12 3
2	6 5 6 4 12 2 2
3	6 5 6 5 12 1 2
4	6 5 7 5 12 2 3
5	6 6 6 6 8 1 2 3
6	6 6 6 7 6 3 5
7	6 7 1 3 7 5 9 3
8	6 1 5 1 6 3 4 9 2 1
9	6 1 5 3 3 3 4 10 1 1
10	6 1 6 4 3 1 7 2 2
11	6 2 4 4 2 1 7 1 3
12	6 4 2 2 3 2 5 1 3
13	6 2 2 1 2 3 2 2 4 6
14	6 3 1 2 2 3 2 2 4 7
15	6 2 1 1 4 1 2 3 1 15
16	9 1 13 1 2 2 2 4 1 6
17	5 3 4 2 1 1 6 1 3 6
18	3 1 4 4 1 1 1 4 5
19	2 1 2 2 4 4 4 4 5
20	2 1 1 2 2 4 2 3 3 4
21	2 1 4 2 11 2 3 2 3 3
22	1 2 2 2 7 1 2 1 2 3 1 4
23	1 2 1 1 2 3 6 1 5 1
24	1 1 3 1 1 4 5 1 2
25	1 1 4 1 1 2 5 1 1
26	1 1 2 1 2 12 1 2
27	2 4 2 7 3 4 2 2
28	2 6 3 4 2 2 4 1 1
29	3 6 7 6 1 1 5 1 2
30	5 4 3 6 5 1 1 4 2 1
31	15 4 2 3 8 1 5
32	6 4 1 5 11 2 2 3
33	6 1 2 12 2 1 1
34	6 1 6 3 12 1 3 1
35	6 3 3 2 1 12 2 4 1
36	6 1 6 2 6 5 1 7
37	15 2 1 1 2 2 1 10
38	2 2 2 2 1 2 3 12 8
39	2 2 2 3 2 2 2 7 2 3 5 1
40	2 2 2 4 1 7 2 4 2 2 4 2
41	2 2 2 2 4 1 2 5 3 2 2 4 1
42	24 8 2 5 2 4 2
43	2 2 2 2 2 7 2 2 1 3 2 2 3 2
44	2 2 2 2 2 2 2 2 2 1 15
45	2 2 2 2 2 2 2 2 2 1 14
46	2 2 2 2 2 2 2 2 2 2 15
47	36 17
48	2 2 2 2 2 2 2 2 2 6 6
49	2 2 2 2 2 2 2 2 2 1
50	2 2 2 2 2 2 2 2 2 1

행	힌트
1	37 1 1
2	21 11 1 1
3	18 22
4	17 21
5	17 8 1 1
6	16 7 1 1
7	1 3 14
8	1 5 14
9	2 11 1 1 1
10	7 6 1 1 1
11	3 4 2 14
12	2 2 2 2 14
13	2 4 1 1 1 1 1
14	5 10 3 6 1 1 1
15	2 2 4 1 2 3 16
16	5 7 1 3 2 13
17	12 4 2 2 1 2 1 1
18	12 1 2 3 3 1 3 1
19	11 1 2 2 1 1 10
20	11 1 6 1 1 10
21	5 1 1 2 2 2 2 1
22	5 1 1 1 1 1 1
23	3 1 2 1 1 2 9
24	5 2 3 1 1 1 9
25	8 4 1 1 4 1 1
26	8 3 2 2 2 3 1 1
27	8 2 1 1 1 8
28	5 2 1 1 1 4 8
29	4 4 5 1 2 2 2 2 1
30	3 2 2 2 1 1 1 2 1 1
31	5 4 1 1 5 11
32	12 4 1 2 3 11
33	11 2 3 3 2 3 1 1
34	9 2 2 2 5 4 1 1
35	7 3 1 4 2 11
36	3 3 6 1 11
37	2 1 2 1 9 1
38	12 2 6 9 2
39	13 2 2 1 3 5 9
40	10 2 1 2 3 9 3 3
41	9 4 2 3 5 2 2
42	7 2 2 10 2 3
43	6 1 3 3 6 3 6
44	5 3 3 1 8 11
45	5 2 28
46	4 7 2 15 1 3 4
47	4 2 5 1 10 4 2 6
48	11 6 7 4 10
49	4 11 8 3 1 2 5
50	12 3 4 2 7
51	2 9 3 6 12
52	3 16 3 3 5
53	2 7 1 7 3 2 7
54	1 8 2 4 1 2 13
55	9 5 2 2 13
56	6 14 1 9 3
57	3 11 1 8 2
58	2 12 9 2
59	1 11 1 2 1 2 3 3
60	13 8 9

B51 뽀송뽀송한 향기가 나요

난이도 ★★★☆☆

50×60

열	힌트
1	2 2 3 3 2 1 1
2	2 7 4 9 1 1
3	2 3 6 5 5 1
4	2 8 2 4 2 1 6
5	2 4 3 5 3 1 5 2
6	2 1 2 2 4 2 3 5 2
7	2 2 2 4 7 1 1 1 5
8	3 1 8 4 3 2 2 6 2
9	3 3 2 9 1 2 1 1 8
10	5 1 2 2 2 5 1 2
11	3 1 8 4 5 13
12	2 2 2 4 4 4 1 2
13	3 1 2 9 4 13
14	3 4 3 4 2 3
15	2 8 5 2 7
16	2 3 9 4 8 3
17	2 2 4 2 5 3
18	2 3 8 5 9
19	2 2 3 3 1 9 3
20	2 1 2 2 1 3 6 1
21	2 1 2 5 1 1 6 2 1 1
22	3 3 2 1 3 2 1 1
23	3 1 4 2 1 2 1 1
24	2 1 3 1 2 2 1 1
25	2 2 1 2 2 1 2 1 1
26	2 3 2 1 1 1 2 1 1
27	2 8 1 1 4 2 1 1
28	8 1 1 7 5 2 1 1
29	9 1 2 4 1 4 2 1 1
30	1 7 1 1 13 2 1 1
31	1 5 3 19 2 1 3
32	1 3 13 1 7 2 1 3
33	1 5 3 9 6 3 2 5
34	1 2 1 1 15 3 2 5
35	1 4 2 1 1 12 4 2 2 2
36	2 4 1 1 12 19 1
37	1 5 14 14 1
38	1 8 1 11 15 1
39	1 8 1 11 6 7 6
40	1 7 1 1 11 3 13 4
41	1 6 5 13 10 9
42	1 10 13 15 2 2
43	1 10 14 9 2
44	2 8 7 5 11 2
45	2 4 1 5 6 7
46	6 6 2 11 2 3
47	2 27 9 2 3
48	2 7 6 2 1
49	2 5 3 2 1
50	2 1 2 1

행	힌트
1	9
2	8 7
3	2 6
4	9 1
5	3 18 1
6	23 3 1
7	14 4 2
8	2 4 1
9	2 4 7 1
10	1 6 10 1
11	6 2 14 3
12	3 3 4 2 14
13	3 3 3 1 13
14	17 4 3 1 1 12
15	17 4 1 5 1 3 8
16	1 1 1 1 1 2 2 1 2 2 3 5
17	1 1 1 1 1 1 1 2 3 1 4 3
18	2 2 2 2 2 3 4 1 4 5 1
19	2 2 2 2 2 1 1 2 1 2 3 1
20	2 2 3 2 2 1 2 2 1 1 4 1 1
21	8 2 2 8 6 1
22	2 2 1 1 2 1 7 2 1
23	1 1 1 1 2 1 13 1
24	1 1 1 1 1 3 1 14 1
25	1 1 1 1 1 4 14 1
26	2 2 1 1 1 1 14 1
27	2 3 2 1 3 17 1
28	2 3 3 6 2 12 1
29	3 2 3 4 2 12 1
30	6 2 1 2 12 1
31	7 2 1 2 10 1
32	8 1 2 10 1
33	3 1 4 10 2
34	1 8 1 1 4
35	7 5 1 7
36	5 2 4 1 2
37	2 2 1 4 1 2
38	2 1 3 1 3
39	4 4 1 2
40	5 1 4 3 3
41	9 2 3 3 2
42	14 1 3 3 3
43	3 11 1 13
44	2 2 8 1 13
45	1 3 4 1 1 14
46	2 3 5 2 1 15
47	3 1 3 1 1 18
48	14 1 1 1 15
49	2 1 1 1 1 1 1 1 10 1
50	1 1 1 1 1 1 2 1 1 1 1
51	1 1 1 1 1 1 1 2 1 1 1
52	2 2 1 1 1 1 1 1 1 2 1
53	3 1 2 1 1 2 1 17 2 7
54	3 1 1 1 1 1 1 17 2 6
55	2 1 1 1 1 1 1 1 1 4 1
56	4 2 1 1 1 1 20 1 2 1
57	1 1 1 1 1 5 4 3 6
58	4 1 1 1 22 9
59	13 5 9
60	11 11

B52 창틀에 앉아 세상을 바라봐요

난이도 ★★★☆☆

50×60

Column clues (top to bottom)

Column	Clues
1	13
2	9 4
3	37 2 3
4	4 2 2 3
5	3 2 1 2
6	2 1 1 1 2
7	2 29 1 1 2
8	2 8 1 1 2
9	1 10 24 2 2 2
10	2 4 1 1 1 1 3 2 2 2
11	1 3 1 1 1 1 5 4 3
12	2 5 1 1 1 1 2 2 1 3
13	1 6 1 1 1 1 3 2 2 5
14	1 3 3 1 1 1 1 2 2 1 2 2
15	1 2 3 5 12 6 1 2 1 2 2
16	1 3 9 12 7 2 2 2 2 2
17	1 2 8 1 1 1 3 2 2 4 2
18	1 2 3 1 1 1 1 2 1 2 2 2
19	1 2 3 1 1 1 1 4 2 2 2 2
20	1 2 2 1 1 1 1 2 1 1 1 3 2 2
21	1 2 2 1 20 2 2 3 2
22	1 8 1 1 3 2 3 4 2
23	1 8 1 24 11 2
24	1 8 1 1 1 1 5 3 2
25	1 2 2 1 1 7 2 2 2
26	1 2 3 1 1 7 2 3 2 2
27	1 2 3 1 1 2 2 3 1 2 3 3 2
28	1 2 8 1 2 1 3 5 7 1 2
29	1 3 8 11 1 2 4 4 1 2
30	1 2 3 5 11 2 4 1 2
31	1 3 4 1 1 3 1 2 3 2
32	1 6 1 1 4 3 2 6 1 2
33	2 5 1 1 2 3 4 1 2
34	1 3 1 1 2 1 4 1 2
35	2 4 1 1 2 1 4 6 2
36	2 5 1 11 9 2
37	5 8 3 5 3 1 2
38	8 31 2 1 2
39	10 3 2 2
40	10 3 2 2
41	9 10 2
42	4 37 3 2
43	8 29 4 2
44	10 4 2 6 2
45	10 4 1 13 2
46	3 7 3 2 14 2
47	9 11 1 2 1 9 2
48	14 9 1 1 1 12
49	13 6 2 2 12
50	10 3 6 12

Row clues (left to right)

Row	Clues
1	22 3 2 3
2	3 3 3 2 3
3	3 5 2 3
4	2 14 4 3 2
5	2 18 4 2 2
6	2 5 3 5 3 2 2
7	1 4 3 4 3 2 3
8	2 4 3 4 3 3 3
9	1 6 3 6 3 2 3
10	1 2 5 8 4 2 3 2 2
11	2 3 20 3 2 2 2
12	1 2 5 6 2 3 2 2
13	1 2 3 3 3 3 2 2
14	1 2 3 3 2 3 2 2
15	1 2 3 3 2 2 2 2
16	1 3 3 3 2 3 2 2
17	1 3 3 3 2 3 2 2
18	1 32 2 2 2
19	1 1 1 2 2 2
20	1 1 28 1 3 2 1
21	1 1 1 2 1 1 2 1 1 3 2 1
22	1 1 1 2 1 1 2 1 1 4 2 1
23	1 1 1 2 1 1 2 1 1 4 2 1
24	1 1 1 2 1 1 2 1 1 2 4 1
25	1 1 1 2 1 1 2 1 1 2 5
26	1 1 1 2 1 1 2 2 2 1 1 2 4
27	1 1 1 2 1 1 5 3 1 1 2 3
28	1 1 1 2 1 1 1 5 3 1 2 4
29	1 1 1 2 1 1 1 4 2 1 2 3
30	1 1 1 2 1 1 6 3 2 2
31	1 1 13 5 2 2
32	1 1 1 1 1 2 2 2
33	1 1 13 3 3 3 1 2
34	1 1 1 2 1 1 1 2 2 1 1 2
35	1 1 1 2 1 1 1 2 2 1 2
36	1 1 1 2 1 1 1 2 1 2
37	1 1 1 2 2 1 2 3 2 2
38	1 1 1 3 3 1 3 2 2
39	1 1 1 2 2 1 3 3 3 2 2 4
40	1 1 1 1 3 2 9 2 5 2
41	1 1 1 2 4 2 10 2 3 1
42	1 1 1 2 1 1 3 3 2 2 1
43	1 5 3 7 2 2 2 1
44	1 3 2 2 2 2 2 2 2 1
45	3 2 1 1 1 1 2 2
46	3 2 3 2 3 5
47	2 2 3 2 2
48	2 3 4 1 2 2 2
49	2 4 10 2 3 1 6
50	2 2 5 1 2 1 2 1 6
51	2 2 1 1 1 1 1 7
52	2 1 4 1 2 1 2 1 7
53	2 3 2 2 2 1 2 1 8
54	3 2 1 4 2 1 2 11
55	1 2 2 15 2 2 12
56	1 6 15 1 5 9
57	2 2 10 6
58	4 3 3
59	50
60	50

B53 파울!

난이도 ★★★☆☆

50×60

Column	Clues
1	15
2	9 14
3	3 9 17
4	5 7 16
5	4 7 16
6	5 22
7	5 22
8	9 24
9	16 27
10	2 7 7 3 21
11	2 13 3 3 5 13
12	1 1 1 6 1 2 3 19
13	1 1 1 1 1 4 2 3 3 18
14	4 1 1 1 4 1 2 1 2 3 18
15	6 1 4 1 2 1 2 2 19
16	6 2 2 1 1 3 2 2 2 1 15
17	10 2 3 4 6 14
18	8 1 4 1 4 23
19	8 2 2 3 25
20	3 3 4 8 4 5
21	9 4 4
22	1 2 2
23	9 4 4
24	9 2 7 2
25	8 4 1 2
26	12 2 2
27	14 2 2 1
28	16 1 2 2
29	5 2 14 1 1 1
30	5 7 2 14 2 2 2
31	7 3 4 14 1 1 1
32	4 5 2 14 1 1 1
33	7 2 3 4 13 1 2 2
34	8 3 4 15 1 2
35	5 1 3 5 9 2 1 2
36	6 3 2 1 1 3 2
37	7 3 1 1 2 2
38	7 1 2 2 2 2
39	8 1 3 3 1
40	8 2 4 4
41	11 5 3
42	10 9 3
43	9 3 5 5 3
44	12 1 8 4
45	9 2 3 10
46	5 1 2 7
47	2 5 2
48	2 1 1 2
49	2 2 2 2
50	25

Row	Clues
1	6
2	6
3	6
4	9
5	2 5
6	2 7
7	1 3
8	1 8
9	1 2
10	1 4 1
11	1 2
12	1 4
13	2 2
14	2 1 6
15	3 2 9 3
16	7 15
17	11 17
18	7 3 17
19	7 2 3 2 11
20	7 1 3 2 10
21	1 5 2 1 1 2 8
22	1 1 1 1 8
23	2 1 1 4 3 7
24	1 1 2 4 2 2 2
25	1 5 3 3 2 1 2
26	2 1 4 4 1 1 2
27	1 1 1 1 1 2 2
28	1 2 1 1 2 3 2
29	1 1 3 2 1 4 1
30	2 1 2 1 2 3 1 1
31	1 1 5 1 5 3 2
32	2 2 2 3 6 4
33	1 4 2 2 3 3 3
34	3 11 5 3 4 2
35	3 1 6 10 2 6 2
36	4 2 5 11 8 2
37	5 4 1 16 3 1
38	5 5 1 4 13 2
39	9 6 4 13 4
40	10 4 4 13 1 1
41	1 8 2 5 13 1 1
42	1 10 6 2 10 1 1 2
43	2 11 4 1 10 1 4
44	3 14 11 2 1
45	15 4 11 2 1
46	16 3 2 9 3 1
47	10 9 2 7 7
48	21 6 7
49	18 1 1 1 1 1
50	18 1 2 2 1 1
51	18 4 7 2 1
52	18 3 4 2 1 1
53	18 1 2 6 1 1
54	18 3 4 2 2 1
55	18 1 3 1 2 1
56	19 2 2 2 2 1
57	18 2 2 6 1 3 1
58	18 2 2 2 4 7 1
59	18 3 1 3 7 1
60	18 1 2 3 6 1

B54 피부를 멋지게 태워요

난이도 ★★★☆☆

50×60

열	단서
1	12 5 6 3 4 1
2	11 9 5 2 5 3
3	10 4 3 5 1 5 2 6
4	9 4 2 9 1 3 2 9
5	8 3 2 7 5 10 4
6	7 5 1 24 3
7	7 4 2 4 7 3
8	4 11 1 2 9 3
9	4 13 1 2 13 2
10	2 16 1 2 18 2
11	1 19 4 8 11 2
12	24 4 8 2
13	3 18 3 7 2
14	3 15 2 1 7 2
15	2 7 6 2 2 7 5
16	2 4 4 2 2 2 2 9 2 2
17	1 3 6 2 12 2 1
18	1 3 6 2 2 13 1
19	1 4 1 4 2 5 9 2 2
20	1 4 1 4 1 1 7 7 1 2
21	1 4 2 2 2 4 5 5 1 2 1
22	1 3 1 4 2 3 8 3 2 1 2 1
23	1 3 1 1 4 1 1 9 3 1 3 2
24	1 3 1 3 3 2 1 6 3 4 3 2
25	2 3 1 5 1 2 2 5 3 3 6
26	1 2 2 6 2 1 5 3 2 5
27	4 1 1 4 4 1 5 5 2 5
28	2 1 1 9 2 7 2 7 1 3
29	1 5 8 1 4 2 4 2 3
30	1 9 3 1 6 5 2 1 1
31	1 2 4 3 2 12 3 3
32	1 1 2 10 2 2 2
33	1 1 1 6 3 3 1
34	3 2 3 5 4
35	2 2 2 4 1 1 3
36	2 3 1 6 1 3 2
37	3 3 2 12 3 1 3
38	7 1 4 5 2 4 1 3 1
39	2 3 5 1 1 5 2 5 3 3
40	1 3 3 1 1 1 2 1 1 1 5 2 5 2 4
41	2 3 3 4 1 4 1 1 2 2 2 2 7 3
42	2 3 3 5 1 4 1 6 1 6 3 2
43	3 3 3 4 1 4 6 8 8 1
44	3 3 2 4 1 6 2 20 1
45	3 2 6 6 1 2 1 3 4 6 4 2
46	4 7 3 5 3 4 9
47	6 9 3 3 2 1 7 4
48	8 7 4 6 1 4 1 3
49	4 7 6 1 4 1 1 6
50	3 8 6 1 4 1 8

행	단서
1	11 12 4 2
2	10 5 3 10
3	9 4 1 11
4	9 3 13 4
5	7 3 10 2 4 2
6	7 4 11 6 10
7	7 13 6 2 6 5
8	5 19 2 5 2 3
9	4 11 3 2 5 3
10	3 10 5 7 1 8 2
11	2 15 6 3 6 6
12	1 18 1 5 2 4 7
13	5 7 5 1 7 2 4 2 1
14	3 7 7 6 2 4 3 1
15	3 8 5 5 1 4 3
16	2 8 3 2 1 2 3 3
17	2 9 2 5 1 3 2
18	2 9 5 5 2 1
19	2 6 3 5 2 7
20	2 8 5 3 1 1
21	3 4 4 2 2 1 1
22	1 3 2 7 4 7
23	2 3 3 2 4 1 5
24	4 7 6 6
25	5 2 2 8
26	6 2 2 3 3
27	6 2 5 2 5 1
28	4 2 12 4 5
29	5 15 5 7
30	4 3 10 4 3 5
31	4 2 8 4 6 3
32	2 2 2 12 1 2 2
33	1 2 3 7 1 2 2
34	1 2 2 5 2 4 1
35	1 2 2 2 2 1 6
36	1 2 1 1 2 1
37	1 2 2 2 1
38	6 3 7 14
39	3 2 3 7 5 6
40	1 4 2 2 1 5 9
41	5 3 4 4 9 3
42	6 4 4 4 15
43	2 1 4 3 2 2 9
44	12 4 2 11
45	20 1 16
46	17 1 1 1
47	18 1 1 2 2
48	19 2 4 3
49	20 1 5 3 1
50	1 15 3 2 4 3 2
51	1 11 3 2 3 3 2
52	2 3 6 18
53	2 5 6 4 5
54	1 3 3 12 1
55	2 2 4 7 5 2
56	2 2 5 2 4 3 3
57	3 1 11 3 8 2
58	7 1 5 7 3 4 5
59	15 7 2 3 3 6
60	17 7 7 3 7

B55 향기로운 꽃이 담겨 있어요

난이도 ★★★☆☆

50×60

열	힌트
1	3 2 2 3 2 4 12
2	5 3 4 4 2 4 2 2 12
3	1 1 3 4 2 2 4 2 1 12
4	1 6 3 2 8 3 3 1 12
5	2 5 1 3 14 4 1 12
6	3 4 1 4 4 3 4 2 12
7	8 4 8 2 5 12
8	5 4 2 2 2 2 2 4 12
9	3 3 3 1 2 2 2 2 2 12
10	4 5 1 3 2 2 1 12
11	3 5 4 1 3 2 3 1 12
12	3 5 3 1 4 6 2 12
13	2 7 3 1 2 2 8 12
14	4 6 2 2 2 5 12
15	2 1 2 1 2 4 5 12
16	1 1 1 1 5 1 1 23
17	1 2 1 2 5 2 1 4 4 5
18	1 1 2 1 5 5 1 1 1 3 4 2 2
19	1 2 4 4 9 1 4 3 1 2 2 2
20	2 3 1 3 8 1 5 3 1 2 1 1
21	8 2 1 1 3 1 2 11 2 1 1
22	8 2 2 1 8 18 1
23	2 5 3 2 1 1 7 13 1
24	1 4 1 2 1 1 9 1 1 1 1
25	1 1 1 2 2 2 2 3 7 1 1 1 1
26	2 2 12 1 2 2 9 1 1 1 1
27	2 2 2 6 1 3 1 1 17 1
28	4 2 5 3 3 1 1 14 1
29	2 2 4 8 4 17 1 1 1
30	1 8 2 2 1 25 1
31	7 3 12 1 16 1
32	7 2 4 7 23 1
33	4 3 3 1 6 16 1 2 1 1
34	2 7 1 9 8 1 1 2 2 2
35	1 2 3 1 1 3 5 1 3 1 3
36	1 2 1 3 3 4 23
37	1 3 2 2 9 25
38	2 4 2 5 1 2 12
39	4 5 4 4 4 4 4 12
40	17 2 3 1 2 1 8 12
41	1 7 5 6 1 1 7 12
42	2 5 3 6 2 1 1 2 12
43	1 2 1 2 1 4 2 2 1 3 2 12
44	1 1 1 2 1 1 2 1 2 3 16
45	1 2 2 3 2 1 5 3 17
46	2 3 1 1 1 2 2 4 3 2 14
47	6 2 1 4 3 4 2 3 12
48	5 2 2 2 5 4 2 3 12
49	4 6 2 2 2 7 2 12
50	3 3 4 3 2 12

행	힌트
1	4 6 5 4 3
2	2 2 2 4 2 4 4
3	2 1 1 2 2 3 4 9
4	2 3 2 1 2 1 5 5 4
5	4 3 5 5 5 1 2 2
6	2 3 2 8 4 2 1 2 1 2
7	7 1 8 5 2 5
8	8 4 4 3 2 1 1 3
9	4 2 3 3 3 8 3 2 2 1
10	6 7 3 1 4 2 3 2
11	3 4 3 2 2 2 9 4
12	8 4 9 3 6 3 1
13	4 2 7 4 2 4 8 1
14	2 3 6 4 8 2 6 2
15	9 1 5 5 5 2
16	5 2 2 3 2 1 6
17	2 1 2 4 1 2 2
18	1 4 1 1 2 1 2 5
19	2 2 2 1 1 1 2 3 4 3
20	2 2 1 2 2 2 3 9 4
21	5 1 3 1 2 1 1 2 2 8
22	4 1 2 1 2 1 1 4 4 2
23	4 3 4 2 1 5 4 2
24	6 9 2 5 2 1
25	6 5 1 4 4 2
26	4 5 4 5 2 4 4
27	1 2 12 4 2 2 11
28	1 8 2 3 2 3 3 4
29	2 2 1 13 4 3 2
30	6 2 2 5 1 4 2 1
31	7 3 2 2 3 1 5 2
32	4 7 5 2 2 3 2 2
33	5 14 2 2 1 4
34	4 3 4 2 2 1 2 3
35	4 3 4 2 3 1 8
36	9 11 2 3 2 2 2
37	2 12 2 4 2 2 3 2
38	1 3 34
39	1 1 3 2 3 3 2 2 2 1
40	2 2 5 3 3 3 2 2 2 2 5
41	5 6 4 2 2 2 2 2 8
42	1 3 1 5 3 5 2 2 4
43	1 1 1 4 3 5 2 4
44	2 2 1 3 2 5 2 5 4
45	4 1 3 8 2 3 7
46	1 3 8 2 3 2 3
47	1 3 6 2 2 3
48	22 3
49	18 2 2 3 16
50	23 2 21
51	34 15
52	16 2 2 3 15
53	16 2 2 3 15
54	16 2 2 3 15
55	16 17 15
56	19 2 2 2 17
57	17 2 2 2 15
58	17 2 16
59	19 17
60	50

B56 나무를 자를 수 있어요

난이도 ★★★☆☆ (3.5/5)

50×60

Column clues (top to bottom, columns 1–50)

1. 2 3 6
2. 2 4 8 5
3. 9 20 1 1 1 1
4. 8 5 12 1 1 4
5. 4 7 2 2
6. 5 8 2 2 4 2 2 5
7. 6 7 1 2 4 1 2 8
8. 8 2 2 9 11
9. 16 2 4 4 4 2 10
10. 5 15 4 2 4 1 9
11. 2 3 2 6 4 1 8
12. 3 3 1 15 19
13. 3 3 19 2 6
14. 1 2 12 3 2 11 6
15. 3 5 1 2 2 3 11 6
16. 2 4 1 2 2 4 2 4 6
17. 1 2 2 2 2 2 4 2 4 4
18. 8 2 1 4 1 5 2 3 2
19. 2 3 10 2 2 1 6 2 2 3
20. 1 4 1 6 1 6 3 3 4
21. 2 5 2 14 7 2 8
22. 1 4 3 6 1 1 7 2 6
23. 1 1 1 2 2 1 2 3 7 2 6
24. 1 2 1 3 2 2 6 1 3 1 8
25. 1 2 2 7 2 1 3 1 7 2 5
26. 1 1 2 1 5 3 1 1 1 5 1 5
27. 1 1 2 2 4 2 1 2 1 2 2 7
28. 3 1 3 3 3 2 1 3 2 2 4
29. 3 7 3 2 1 7 1 4
30. 2 3 3 3 2 5 2 6
31. 1 3 3 3 5 2 8 2 5
32. 1 7 1 8 1 11 2 2
33. 1 4 1 2 5 5 3 5
34. 5 1 1 7 2 1 3 3
35. 4 1 2 2 2 2 1 4 2
36. 2 1 1 3 2 2 1 4 3
37. 2 1 1 3 2 1 1 3 2
38. 3 2 1 2 2 1 3 4 2
39. 17 1 2 1 8 4 3
40. 1 3 12 1 2 1 8 2 2
41. 2 8 10 2 8 4 3 1
42. 2 20 3 9 4 3 2
43. 2 4 3 3 2 3 2 3 2
44. 2 4 11 1 4 2
45. 2 3 1 4 1
46. 3 3 1 4 3
47. 9 50
48. 6 7 8 9
49. 8 7 4 5
50. 8 5 17 2

Row clues (left to right, rows 1–60)

1. 2 1 2 2 2 9 2 2 1
2. 2 1 2 2 2 3 3 3 2 1
3. 2 1 5 1 2 12 3 2 1
4. 2 2 4 2 1 5 3 3 2 1
5. 2 2 2 2 5 8 4 2 1
6. 1 2 1 1 2 18 1 3 3 1
7. 4 1 1 3 5 3 6 1 4 2 1
8. 3 1 4 1 2 1 2 1 4 3 1
9. 1 1 1 3 1 2 1 7 2 1
10. 2 1 2 2 4 1 4 3 1 1
11. 4 2 2 3 2 4 4 1
12. 3 1 2 1 2 1 2 1 3 1
13. 3 2 2 1 5 3 2 1 2 1
14. 2 2 2 1 9 4 1
15. 1 2 2 1 8 4 1 1
16. 1 2 2 1 4 12 1 1
17. 1 2 1 2 3 2 5 1 1
18. 2 2 1 3 3 1 4 1 1
19. 2 1 1 1 5 2 3 2 3 1 1
20. 2 1 1 7 4 2 3 1 1
21. 2 1 2 10 3 1 2 1 1
22. 2 3 5 10 1 2 1 1
23. 2 2 3 3 2 2 9 1
24. 2 3 3 3 5 3 1
25. 4 2 3 2 3 5 2 1 1
26. 3 3 3 3 1 2 9 1 2 1
27. 4 11 1 2 4 4 2 1
28. 5 6 1 1 3 3 2 1
29. 2 2 9 1 3 4 2 2 1
30. 2 2 7 1 6 1 2
31. 1 5 1 5 4 1 2
32. 1 6 1 2 7 1 2
33. 1 4 2 9 2 1 1
34. 1 2 2 2 2 2 1
35. 1 2 5 5 2 1 1
36. 1 3 5 3 2 4 1 1
37. 2 1 5 4 1 1 12 1 1
38. 1 8 6 3 6 4 1 2
39. 1 2 4 10 1 3 4 1 2
40. 1 3 3 10 3 4 4 1 2
41. 1 1 2 13 20 2
42. 5 1 2 11 6 2 1
43. 1 1 1 1 7 11 6 2 1
44. 4 2 1 10 2 4 2 1
45. 1 1 4 2 10 1 2 2 1
46. 3 1 2 12 2 2 1
47. 2 1 2 11 2 2 1
48. 2 1 2 10 2 4
49. 2 1 2 14
50. 2 1 4 7 2
51. 2 1 7 7
52. 3 1 10 3 1
53. 6 5 6 4
54. 6 1 5 3 4
55. 18 4 3 3
56. 22 4 3 4
57. 12 18 4
58. 12 12 7 3
59. 12 14 13
60. 12 12 2 3 2

B57 동물 중에 제일 빠르게 달릴 수 있어요!

난이도 ★★★☆☆

60×50

B58 둥근 쇠를 막대기로 굴려요

난이도 ★★★☆☆

60×50

B59 수영을 못하는 사람도 물 위에 떠 있을 수 있어요

난이도 ★★★☆☆

60×50

B60 숨을 크게 내쉬어요

난이도 ★★★☆☆

60×50

B61 복근을 만들어요

난이도 ★★★☆☆

60×50

B62 복사를 해요

난이도 ★★☆☆☆

60×60

B63 머리를 예쁘게 잘라줘요

난이도 ★★★☆☆

60×60

B64 바람이 불면 커다란 날개가 돌아가요

난이도 ★★★☆☆

60×60

B65 두 사람이 함께 살기로 약속하는 특별한 날이에요

난이도 ★★★★☆

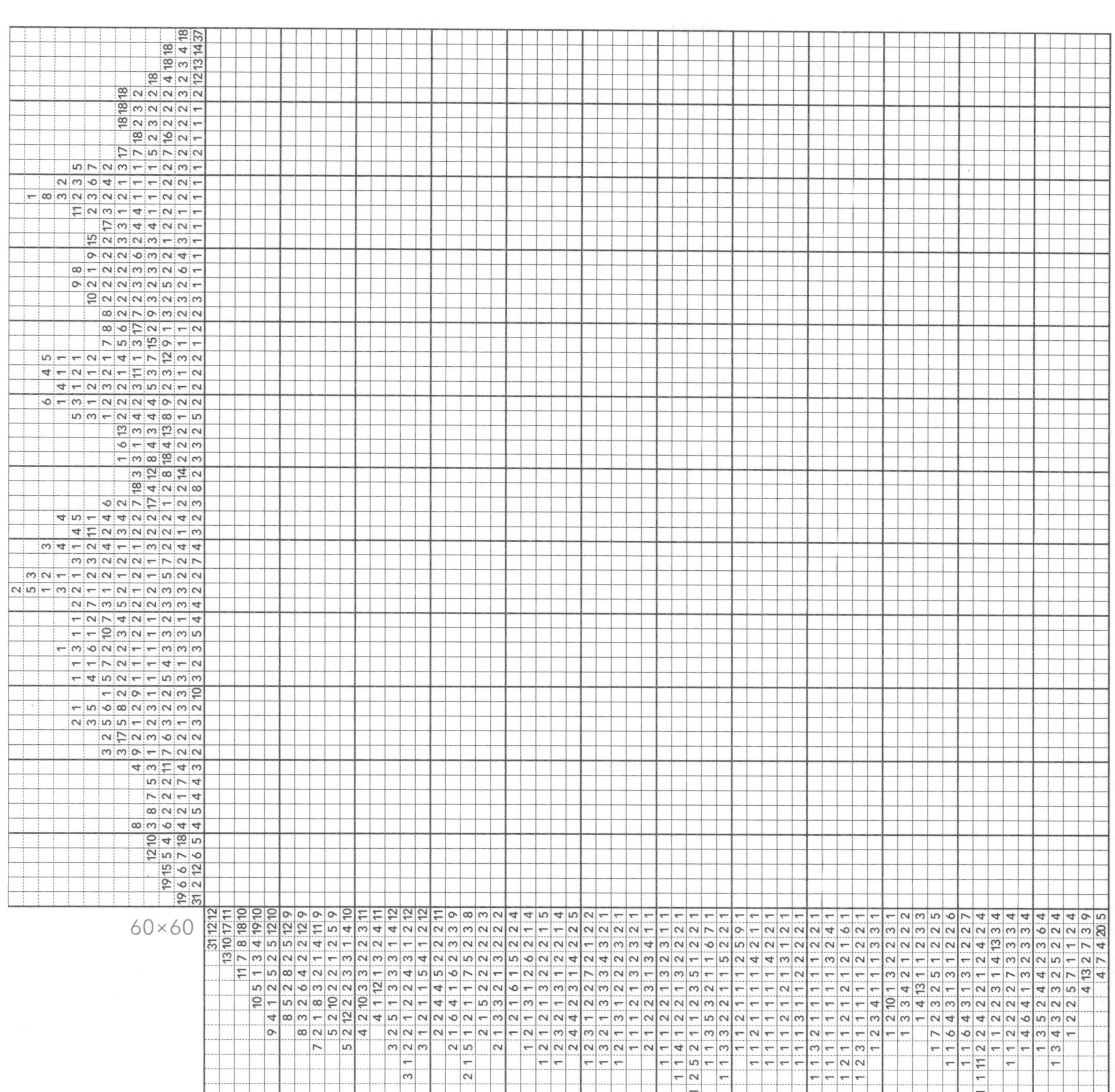

60×60

B66 + B67 공을 던져 박을 터뜨려요

60×60

가로 열 힌트 (위→아래)

2 7 3 2 7 13
3 4 4 3 5 3 5 2 12
2 3 3 3 14 2 2 11
2 3 2 14 2 1 8
4 3 6 2 4 4 5 3
8 6 2 2 4 4 4
1 5 7 4 2 2 2 12
2 1 2 6 1 2 2 1 4 1 1 1
2 4 6 3 3 2 5 1 1 1
2 6 6 4 2 7 1 1 1
8 5 1 2 2 5 1 1 1
3 3 13 1 3 3 11 1
3 2 1 10 4 1 3 5 4 1
7 4 2 1 5 2 6 6
7 7 1 4 3 6 6
1 3 7 3 6 1 5 5 7
1 1 7 4 1 1 18
5 5 4 6 2 3 3
8 5 4 6 6 3 2
2 3 3 5 3 5 2 11 2
5 2 3 4 5 3 3 1 12 2
1 4 3 4 5 1 2 1 2 10 3
3 2 3 5 1 1 2 1 15
6 1 3 3 1 4 1 3 10
1 2 3 5 3 2 3 9
4 4 1 8 2 4
6 5 1 3 2 1 3 1 8
7 8 2 3 3 1 2 1 8
2 3 10 1 15 2 8
2 2 7 2 1 3 8 2 8
5 9 3 2 6 10 2
1 3 7 4 6 14
1 1 5 3 1 2 6 7 6
1 4 4 1 2 15 5
1 1 3 1 1 1 2 15 5
1 2 3 2 1 1 2 6 3 3 6
6 1 5 2 3 7 2 10
2 4 2 1 2 4 2 12 9
2 2 1 5 3 7 2 2 6 2
1 4 3 4 1 6 7 1 9
6 2 1 2 2 7 2 9
4 7 3 5 14
2 2 7 5 10 4
2 4 4 2 2 2 12 3
4 1 2 3 1 5 2 3
3 2 4 2 5 3 4
1 3 5 3 5 8
6 5 4 16 9
4 4 2 23 9
3 6 1 1 1 5 9
2 1 8 3 5 9
2 2 6 2 13 2
5 14 6 2 1 4 6 1
2 2 17 6 1 2 2 12 1
2 2 4 1 2 5 4 4 3 5 4 2
2 3 3 2 1 6 2 4 2 5 8
5 2 5 3 4 3 4 7
4 2 5 2 3 2 2 4 7
2 2 3 3 3 23 7
2 2 2 7 21 3 3

가로 행 힌트 (왼쪽→오른쪽)

3
3 3 6 5 6
4 3 13 8 11
2 7 2 3 2 2 14 2
5 2 1 2 3 3 2 3 2 3 1 3
11 2 2 1 6 2 3 3 2 7
6 7 2 2 2 4 7 3 3 5
6 3 3 3 4 2 4 2 3
7 3 4 5 5 5
2 2 7 3 7
1 3 5 4
2 4 2 3 6 3
7 3 13 4
4 3 3 9 2 2 5
2 1 1 7 4 2 4
6 3 7 4 4 7
12 6 4 1 6 2 2 1
3 2 9 8 3 7 2 5
3 2 8 5 2 4 1 5 4 2
3 2 7 3 1 2 1 1 1 2 1 4 3
9 2 2 1 2 1 2 3 1
11 2 3 2 1 2 2 2 1
9 3 3 2 2 2 8
13 5 14 1 3 2
11 1 5 5 1 2 1 2 4
10 2 5 3 6 2 2 4 1
9 2 3 2 4 1 2 1 3 6
6 4 1 3 1 2 2 1 1 4
3 7 2 5 7 6 2
9 2 4 4 3 1 5 2 10
6 2 2 6 2 4 1 2 10
2 1 2 1 3 3 1 2 2 2 7 2
2 1 3 3 1 4 4 2 2 6 2
5 2 2 2 1 3 1 7 2
7 9 2 3 2 2 2
8 2 2 1 1 2 3 2 2 2
3 6 2 2 2 9 2 1 2 2
2 4 2 3 15 2 4 2
1 1 6 20 2 2 2
2 1 5 16 2 2
5 2 1 4 15 2 3 2
7 1 2 2 12 2 2 2 2 2
1 2 2 3 1 1 5 2 1 2 1 1 2
1 5 1 3 4 2 2 1 2 2 2 2
1 2 2 1 4 4 6 2 3 3 2
2 1 4 9 6 5 11
2 8 8 5 1 6 11
1 3 9 6 1 5 2 7 11
2 14 4 10 9 4 6
3 14 4 8 5 7
3 11 1 6 7 3 3
3 5 1 9 3 19
4 1 1 16 20
4 6 3 11 7 15
4 1 6 3 7 7 14
4 1 6 20 6 6
4 12 21 6 4
7 6 9 7 12 5
7 39 6
25 20 13

난이도 ★★★½☆

60×60

Column clues (top to bottom, columns left to right)

Column	Clues
1	3 1 2 8 2 23 5
2	2 2 2 3 3 3 2 6 5
3	1 3 2 6 5 2 3 6 6
4	6 2 2 3 2 3 1 3 7 7
5	4 1 3 4 6 3 5 2 3 6
6	1 2 4 1 3 4 5 1 7 2
7	2 3 16 3 1 7 2
8	6 13 3 7 2
9	5 3 12 3
10	3 1 5 1 29 3
11	2 3 3 2 19 3
12	7 5 1 2 2 13 2
13	7 5 1 8 3 3 9 2
14	1 2 6 2 8 5 3 9 2
15	1 3 3 2 6 5 3 10 2
16	6 2 2 6 5 3 10 2
17	5 2 3 5 3 3 13
18	2 2 4 5 3 5 13
19	3 4 2 4 2 3 13
20	1 1 3 5 1 3 3 8
21	3 6 2 8 3 2 7
22	3 1 3 11 2 3 2 7
23	3 3 2 6 1 3 3 8
24	4 1 2 3 7 1 3 13
25	5 1 2 1 2 14 13
26	5 1 2 1 2 6 2 2 13
27	5 3 1 2 3 2 2 13
28	1 5 1 1 2 5 2 2 13
29	1 2 4 3 4 7 5 14
30	1 3 7 3 6 4 3 14
31	1 4 9 1 3 6 2 3 13
32	6 6 2 9 1 3 7 4
33	7 4 4 6 2 4 6 4
34	7 2 4 2 2 2 1 4 6 4
35	6 1 3 2 3 5 7 4
36	5 1 9 3 3 2 8 12 1
37	3 2 12 3 14 14
38	1 3 2 1 1 3 14 14
39	2 2 2 7 4 4 2 3 3 9
40	5 1 6 3 3 2 1 1 2 3 10
41	3 2 5 9 2 8 9
42	2 3 5 3 21 2 9
43	2 4 4 2 2 6 5 1 7 1
44	6 4 2 1 2 5 6 1 9
45	5 3 2 1 2 4 10 10
46	2 1 1 2 1 2 1 1 5 14
47	1 3 2 1 2 1 1 5 14
48	2 4 3 1 2 1 2 1 4 14
49	5 1 3 2 3 5 14
50	4 2 3 3 6 22
51	2 3 3 2 7 5 15
52	2 4 14 5 3 9
53	7 11 2 4 2 8
54	6 3 3 12 2 8
55	4 1 3 4 3 5 9
56	2 2 2 4 1 3 1 11
57	2 5 2 1 5 7 10 3
58	8 4 3 7 4 8
59	8 1 1 7 13
60	8 6 7 12

Row clues (left to right, rows top to bottom)

Row	Clues
1	11 8
2	13 2 9
3	2 2 3 2 2 7 7
4	1 2 2 2 3 9 21
5	3 3 7 9 3 3 13
6	3 3 6 6 3 3 2 3 3
7	7 4 2 2 4 3 3 4
8	5 4 4 3 3 4
9	5 9 5 3 4 5
10	7 11 2 7 6
11	4 12 4 3 3 4
12	3 3 3 8 10
13	5 5 2 3 2 7
14	5 2 6 15 2 6
15	3 1 2 7 1 1 1 4 2 5
16	8 1 3 2 1 2 1 1 2 2 4
17	1 2 2 1 1 2 1 3 1 5 7
18	1 6 2 5 2 3 4 11
19	3 4 4 5 3 2 3 2 6 4
20	2 4 2 3 6 5 2 1 2 3 3 1
21	5 2 5 1 2 2 2 1 1 7 2 2 1 1
22	3 2 3 5 2 1 5 5 1 2 1
23	3 4 3 3 2 3 1 1 6 1
24	3 2 3 2 1 3 3 1 1 1 3 3
25	6 1 4 3 1 5 2 1 3 1
26	3 14 3 2 2 4 3 2
27	5 2 8 1 2 2 4 2 4 1
28	3 2 8 1 3 8 7 2
29	1 2 7 1 1 2 3 16
30	1 2 6 3 4 2 1 4 4 4
31	1 7 12 5 7 3 2
32	1 3 5 14 2 5 2 2
33	1 1 3 2 14 2 2 2
34	1 5 2 6 6 2 1 2
35	1 5 2 3 6 4 2 2 1 1
36	1 3 2 5 1 3 1 2 2 1 1
37	1 2 5 1 1 2 4 1 1 5
38	1 2 5 1 1 2 6 3 6 4
39	1 2 3 4 1 4 5 14 4
40	1 2 2 9 5 15 4
41	1 2 1 5 6 15 5
42	1 16 11 12 7
43	1 3 30 4 2 7
44	10 30 1 1 1
45	5 3 1 1 1 2 3
46	4 2 30 8 2 4
47	4 2 31 10 4
48	5 3 9 18 12 5
49	10 8 15 6 5
50	7 8 15 7 3 2
51	5 9 38
52	5 21 26
53	7 20 25
54	10 20 25
55	7 18 22 3
56	5 44
57	60
58	35 6 16
59	2 3 2 2 17
60	1

B68 새해 복 많이 받으세요~!

난이도 ★★★☆☆

65×65

12 2 13 12 2
12 2 3 8 16 2
12 2 4 9 3 14 2
12 2 3 11 14 2
12 2 2 9 14 2
12 4 3 5 14 2
12 3 3 4 4 13 2
18 1 5 3 3 2 16
9 3 11 2 22
8 3 12 1 16
7 2 12 1 14
7 4 14 1 13
6 2 1 2 7 6 2 13
6 6 2 9 2 1 3 13
6 1 1 1 9 2 4 12
6 3 2 8 1 4 1 12
6 4 4 6 4 4 12
8 10 1 4 2 12
7 1 1 1 5 2 13 12
7 2 3 2 1 5 2 1 4 21
9 3 1 3 1 6 5 11
12 4 1 7 10 5 11
10 2 2 1 4 3 9 17 2
10 2 1 1 1 9 6 7 2
10 2 12 9 6 7 2
10 2 2 2 1 18 6 2
11 6 1 1 5 1 15 2
2 4 2 1 1 2 1 15 2
8 2 3 3 1 17 2
9 1 1 4 2 1 12 2
3 1 1 2 8 2 10 2
4 1 3 10 4 6 2
3 1 11 2
3 1 11 2
3 1 5 16 2
10 1 10 16
10 1 12 2 7
1 12 3 2 2
13 9 1 1 1 4
1 9 2 5 6
10 1 9 1 12 10
10 1 6 1 5 7 2 10 1
3 1 7 3 7 2 12 2
3 1 6 2 9 1 13 1
3 1 9 9 1 12 2 1
4 2 6 10 1 11 1 1
4 1 4 7 1 9 3
4 1 2 8 10 3
11 1 1 13 6 3
11 1 1 4 9 3 3
1 1 11 1 4
14 1 8 1 5
1 2 5 2 7
12 2 1 3 2 10
12 1 2 7 19
3 1 1 4 4 17
3 1 1 2 4 16
4 2 1 4 1 4 17
13 1 2 3 1 1 3 18
13 1 4 2 1 4 17
1 2 1 1 21
17 2 4 2 3 14
2 3 4 3 3 12
15 2 5 2 1 3 11
16 2 10 4 5

27 2 2 1 2 2 1 2 2 1 2
27 2 2 1 2 2 1 2 2 1 2
27 2 2 1 2 2 1 2 2 1 2
27 2 2 1 2 2 1 2 2 1 2
27 2 2 1 2 2 1 2 2 1 2
27 2 2 1 2 2 1 2 2 1 2
12 10 4 2 1 2 2 1 2 2 1 2
10 2 7 9 1 10 1 2 2 1 2
9 1 7 8 1 10 1 2 2 1 2
8 1 7 6 1 10 1 7 1 2
8 4 1 1 3 1 5 1 7 1 2
8 1 1 1 1 11 1 7 1 2
1 1 1 1 8 1 3 1 2
1 1 1 2 9 1 2
2 3 2 1 5 5 1 2
10 3 8 9 5 1
12 8 11 2
3 3 2 2 12 2
2 3 4 2 12 2
2 5 3 19 1
1 1 12 1 7 6 3
2 2 2 2 5 7 2 5
1 1 1 1 1 1 1 8 1 3
1 1 9 1 2 4 2 3
2 2 13 1 2 3 2 1 2
1 1 22 5 1 2 1
2 17 2 2 2 4 1 1 2
1 12 2 1 4 1 1 2 1
1 10 2 1 1 1 2 1 1
1 9 1 1 1 3 1 2 1 2
1 5 2 1 2 1 5 2 1 2 3
1 5 1 6 2 1 6 2 1 1
3 6 1 2 2 11 1 3
5 6 4 3 12 1 4
14 4 3 12 2 3 1
13 6 2 16 1 3 1 1
8 2 9 2 2 14 1 2 1
7 3 11 2 19 1 1
6 3 9 2 7 10 4
4 6 11 2 2 3 14
3 2 3 3 7 2 1 1 4 4
2 1 2 2 5 2 2 1 5
1 2 2 2 4 2 2 3 4
2 1 1 2 1 4 2 2 3 3
1 1 1 1 2 1 3 2 9 4
2 3 2 5 1 1 2 2 2 2 3
1 2 1 11 1 2 2 2 6
3 1 14 1 2 5 1 4 1
6 1 17 2 5 7 2
10 12 3 6 8 1
10 1 10 2 6 8 1
11 1 10 2 7 11
14 1 1 7 2 7 10
20 1 6 2 7 10
23 6 2 7 10
25 6 2 8 12
31 2 7 12
31 2 8 12
30 11 13
28 10 13
27 2 7 13
23 2 1 3 14
15 2 3 17
38 17
38 9

B69 아픈 동물들을 치료해 줘요

난이도 ★★★☆☆

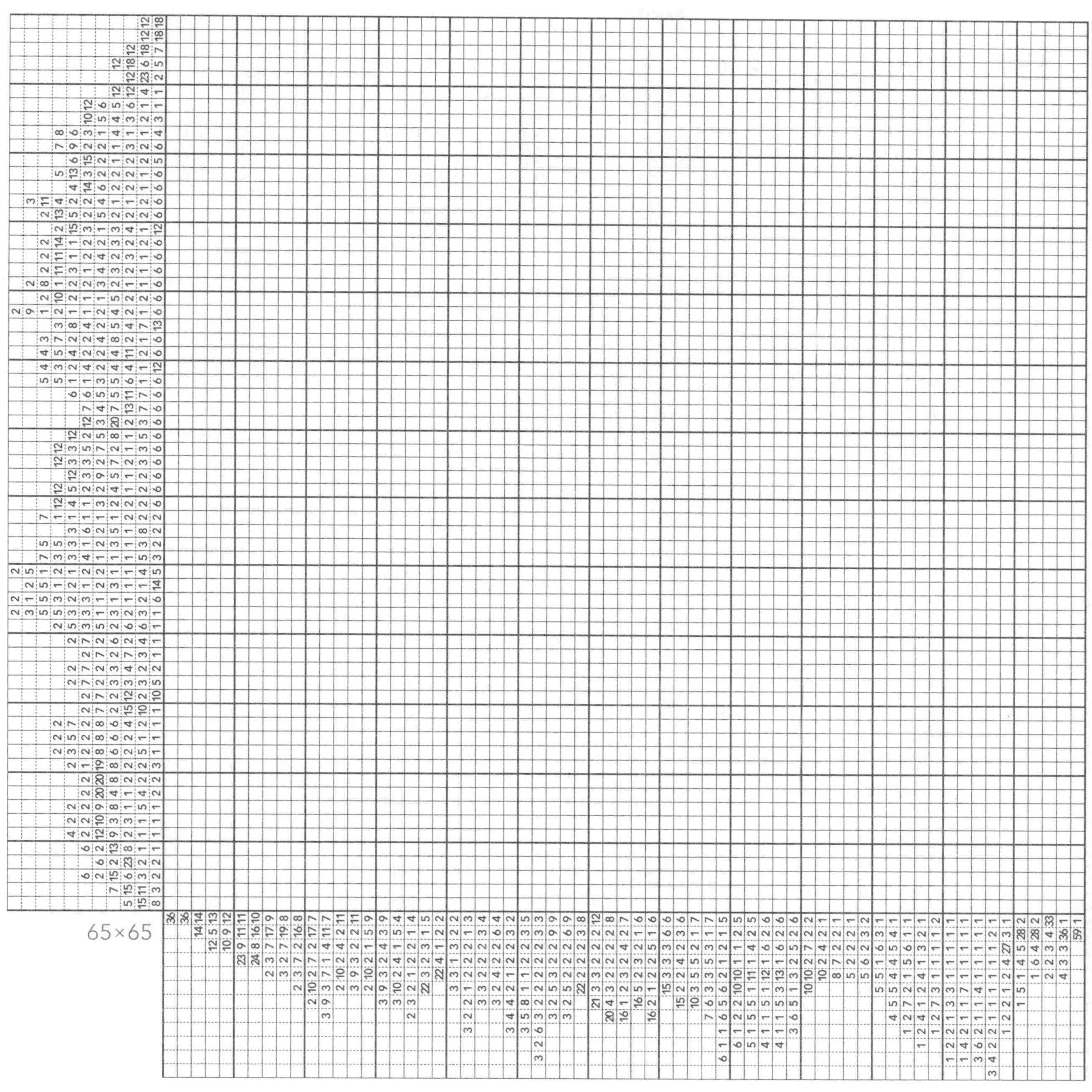

65×65

B70 헛둘 헛둘!

난이도 ★★★☆☆

65×65

Column clues (left to right, top to bottom)

Column	Clues
1	2 2 5
2	2 2 9
3	2 2 14
4	2 6 2 17
5	2 4 2 2 21
6	2 1 4 2 2 23
7	2 3 5 2 15 1 10
8	2 13 16 2 9
9	2 2 11 12 1 3 4
10	2 2 11 8 2 2 2 4
11	2 2 3 7 5 2 1 3 4
12	2 3 3 4 2 2 2 1 1 4
13	2 7 1 1 3 2 2 1 2 1 5
14	2 5 1 1 1 3 2 2 1 1 5
15	2 3 3 3 3 2 1 2 2 4
16	2 3 1 5 2 1 2 1 4
17	2 4 7 2 3 1 1 4
18	2 6 4 6 2 1 4
19	2 9 7 1 1 4
20	2 8 10 2 1 4
21	2 2 4 11 2 1 1 4
22	2 16 4 1 4
23	2 12 2 3 1 4
24	2 9 2 2 1 4
25	2 6 2 2 2 3
26	2 4 2 3 1 3
27	2 4 2 3 3 1 4
28	2 2 2 2 2 2 1 4
29	2 3 2 2 1 1 1 4
30	2 2 2 2 2 1 1 1 4
31	2 8 3 1 6 2 1 1 1 4
32	2 3 2 4 1 1 1 15 1 1 3
33	2 4 2 3 3 2 14 2 1 1 3
34	2 6 1 2 2 1 3 15 1 1 1 3
35	2 7 5 2 3 2 16 1 1 1 3
36	2 6 6 5 24 1 3
37	2 4 2 3 2 1 10 2 1 4
38	2 9 2 1 2 8 2 1 4
39	2 13 3 2 9 2 1 4
40	2 8 3 2 3 14 2 2 3
41	2 6 3 4 16 3 1 3
42	2 4 3 2 18 2 1 3
43	2 6 3 1 2 17 2 1 3
44	2 7 2 2 21 1 3
45	2 7 2 25 1 3
46	2 7 2 2 8 2 5 2 1 3
47	2 3 4 5 2 4 3 1 3
48	2 1 2 2 6 1 3
49	2 2 5 2 2 2
50	2 2 2 3 1 2
51	42 1 7 1 2
52	42 8 1 1
53	2 2 2 2 2 2 5 5
54	2 2 2 2 2 2 2 6
55	2 2 2 2 2 2 2 6
56	2 2 2 2 2 2 2 7
57	42 2 7
58	42 2 7
59	2 2 2 2 2 2 2 7
60	2 2 2 2 2 2 2 7
61	2 2 2 2 2 2 2 7
62	2 2 2 2 2 2 9
63	42 1 6
64	42 2 2
65	2 2 2 2 2 2 5

Row clues (top to bottom, left to right)

Row	Clues
1	65
2	65
3	2 2 2
4	2 2 2
5	2 2 2
6	6 2 2 2
7	10 2 2 2
8	13 2 2 2
9	16 15
10	2 4 9 15
11	1 3 9 2 2 2
12	1 1 5 4 2 2 2
13	1 5 4 2 2 2
14	9 2 3 4 2 2 2
15	1 7 2 1 1 4 2 2 2
16	1 2 3 3 2 3 2 2 2
17	2 2 2 1 5 15
18	1 8 8 15
19	1 8 4 3 2 2 2
20	10 2 1 2 2 2 2
21	4 1 1 2 2 2 2
22	15 2 1 1 2 2 2 2
23	9 4 1 2 2 2 2 2 2
24	1 13 1 5 2 2 2 2
25	1 4 4 2 2 1 15
26	1 5 4 2 3 1 15
27	2 14 6 2 2 2 2 2
28	2 4 1 1 2 3 3 2 1 2 2 2 2
29	2 16 1 2 1 2 2 2 2 2
30	2 12 2 4 2 3 2 2 2
31	2 15 4 4 2 1 2 2 2
32	21 3 2 3 2 2 2
33	10 4 1 8 15
34	5 5 2 9 15
35	5 4 13 2 2 2
36	5 4 12 2 2 2
37	4 4 13 2 2 2
38	5 4 13 2 2 2
39	5 4 14 2 2 2
40	5 4 14 2 2 2
41	65
42	65
43	4 4 7 6
44	5 5 7 6
45	5 4 6 7
46	4 9 6 8
47	5 3 3 5 7
48	5 3 6 5 7
49	4 3 17 7
50	6 3 16 2 2
51	5 3 15 4
52	6 2 5 7 1 13
53	7 3 5 1 3 12 2
54	9 3 2 2 1 2 3 2 1
55	11 1 4 1 3 3 1
56	15 2 1 1 3 4 1
57	8 5 5 1 1 3 7
58	14 6 4 5 7
59	18 7 3 8
60	22 9 9
61	25 10 9
62	27 12
63	29 7
64	25 6
65	21

B71 고집이 센 사람을 이 동물에 빗대어 말해요

난이도 ★★★☆☆

65×65

Column clues (top to bottom)

Column	Clues
1	4 14 32
2	12 4 10 10 1 3
3	16 5 10 2 2
4	15 15 1 1 2
5	8 6 8 2 5 4
6	14 6 8 3
7	13 6 8 6
8	13 5 15 3
9	13 5 12 3 5
10	15 3 7 10 5
11	15 1 15 3 6
12	17 11 8 6
13	10 4 4 9 4 4
14	15 2 3 10 3
15	14 6 3 7 2
16	4 8 14 1 4 2
17	11 7 4 5 1 3 2
18	9 4 8 1 3 1
19	7 3 11 3 2
20	6 2 5 4 5 1
21	4 2 12 5 2
22	3 19 2 4
23	2 23 3
24	1 4 13 9 2
25	2 10 20 5
26	1 11 4 3 3 2 3
27	1 2 4 3 5 1 3
28	1 2 8 5 6
29	2 2 3 7 3 2
30	2 1 5 8 2 2
31	2 1 4 6 3 2 5
32	1 2 5 12 2 2 2
33	1 2 2 11 2 1 2
34	1 3 8 1 2 1
35	2 5 11 3
36	1 9 8 5 1 3 1
37	1 3 2 7 7 2 2 2
38	1 2 3 3 6 2 1
39	1 6 3 8 2 2
40	1 4 5 1 6 5 2 1 2
41	1 1 5 9 1 5 7 2 2 2
42	1 1 2 2 12 2 4 4 2 2 2
43	1 2 3 3 6 14 1 2 2
44	2 2 3 1 5 18 3 1
45	1 6 4 1 3 9 2 3 2 1
46	2 2 3 22 1 2 1
47	1 2 3 2 16 5 1 2 1
48	1 1 1 1 4 19 2 3 1
49	1 1 2 1 1 2 16 2 2 2 2
50	2 2 2 2 4 2 5 4 6 1 2 2
51	1 2 5 5 3 17 1 3 2
52	2 2 1 1 5 1 2 16 1 3 2
53	2 2 1 2 4 2 12 3 2 3 3
54	2 1 2 2 1 16 2 2 3
55	3 2 1 7 4 4 1 2 4
56	5 1 16 1 2 2 3
57	2 2 3 14 5 2 2 5
58	10 2 25 3 2 4
59	42 2 2 5
60	14 25 1 2 5
61	7 2 12 11 2 2 5
62	6 2 21 3 1 1 5
63	6 2 25 2 2 5
64	10 26 1 1 6
65	24 8 4 1 1 1 5

Row clues (left to right)

Row	Clues
1	10
2	5 3
3	3 5
4	6 7
5	16 12
6	23 11
7	22 1 8
8	21 5 2 8
9	15 4 2 6 8
10	19 2 2 8
11	19 1 5 2
12	18 6 7 3
13	18 1 3 7 3 3
14	4 12 2 2 3 3 2
15	12 4 4 2 1 2 2
16	16 4 2 1 3 1
17	16 1 3 1 2 4 1
18	1 13 1 2 2 4 3 1 1
19	6 5 2 1 2 1 2 1
20	5 3 1 2 1 3 1 2
21	3 7 3 2 3 2 1 4
22	2 6 3 3 2 4 1 7
23	1 6 1 3 3 3 1 2 2 8
24	1 5 1 3 5 3 6 9
25	4 2 3 7 3 3 9
26	4 3 3 4 3 3 9
27	5 3 3 3 3 3 8
28	5 3 2 2 3 2 8
29	5 4 3 1 1 4 2 9
30	4 4 3 1 1 4 1 8
31	2 1 3 5 6 9
32	4 1 4 2 4 2 10
33	4 2 5 3 5 2 1 10
34	4 4 7 3 1 3 3 7 4
35	4 5 9 2 2 2 2 11
36	4 14 8 4 12
37	1 3 2 9 1 10 20
38	5 2 4 1 11 20
39	4 3 5 1 8 1 20
40	3 4 7 9 2 22
41	3 4 9 8 1 13 10
42	2 6 19 1 9 11 3
43	2 6 40 8
44	2 7 9 4 33
45	2 8 3 13 7 23
46	2 8 38 5
47	2 5 4 9 3 14 8 3
48	1 10 6 1 1 2 4 10 1 3
49	1 10 7 1 2 5 5 3 3
50	1 2 4 7 5 13 2
51	1 13 1 5 2 9 1 3
52	3 11 8 3 10 4 2 3
53	1 2 2 3 12 6 14 2 2
54	1 17 2 3 2 2 7 3 2 2
55	2 6 13 2 3 1 2 2 3
56	15 5 1 5 3 6 2 4
57	4 4 6 2 2 6 3 5
58	1 2 5 1 1 4 6
59	5 9 2 4 6
60	9 4 3 4 6 6
61	6 5 3 11 5
62	5 2 1 5 6
63	5 1 2 7
64	5 7 9
65	5 17

B72 상상 속의 뿔이 달린 말이에요

난이도 ★★★½☆

65×65

1 28 8 16
2 11 13 2 4 11 7
3 10 2 8 2 10 11 2
5 4 3 1 2 8 26
4 5 2 2 30 5
7 3 1 1 27 5
6 3 1 19 5 4
10 2 4 7 4 2 3 1 2
8 2 3 3 3 6 2
11 2 1 3 4 4 8 4
1 6 1 2 3 2 9 4 8 2
2 7 2 1 1 1 10 11 1
2 10 3 10 7 3 1
1 7 3 2 3 9 16
7 1 5 5 12
7 4 7 3 5 11
8 2 6 3 2 3 9
13 3 6 2 1 11 2
9 2 7 1 2 8 1
8 1 5 2 2 5 2
7 2 1 1 1 4 2
7 2 2 2 2 3 3 2
4 1 2 4 1 2 5 2
5 2 1 3 2 1 7 1
9 1 5 2 3 3 9 3
9 1 2 8 2 2 5 5 2
9 2 1 2 5 3 1 13 1
6 2 3 1 2 2 4 4 12 2 1
7 3 1 2 2 3 2 12 1 5
13 2 3 2 2 1 1 4 5 3
10 1 3 3 2 2 4 9 4
11 4 3 2 5 10 2 1
17 2 1 2 4 11 2 1
1 3 7 4 8 2 7 2 1 1
23 2 2 4 3 2 1
21 2 2 6 3
6 8 1 1 4 5 3
1 6 1 1 2 6 3 2
10 1 1 1 1 1 5 4 2
9 2 2 1 1 5 2 4 2
9 2 2 2 6 3 1 3 2
12 10 3 4 4 2
8 11 1 4 2 5
7 2 1 1 1 1 1 2 1 2 3
7 1 2 2 1 2 2 4 2 2 1
6 2 2 1 1 6 3 8 1
6 2 2 2 2 1 1 2 3 1 1
5 3 2 2 2 1 2 3 3 4 2 1
7 4 2 5 1 2 4 7 3
4 2 9 2 2 8 6 10
3 1 2 2 4 1 1 1 4 5 5 2 7
2 1 2 2 1 1 3 2 2 3 3 11 2 3 2
1 4 3 2 1 1 1 2 6 3 2 2 2 1 2 6
1 2 1 3 2 2 1 2 1 4 1 2 2 5 2 3 2 2
3 5 1 1 2 2 2 4 1 5 2 2 1 3 2 2 2
2 2 2 2 1 3 7 1 3 2 2 1 1 2 1 4 1
1 2 2 2 1 2 8 2 2 4 4 3 3 2 2 1 1
4 2 2 2 2 12 2 2 2 3 2 2 1 1 2 1
3 2 1 2 8 4 3 3 1 2 2 1 1 2 1 1
2 2 2 3 8 2 4 6 2 2 2 2 6 1
1 2 16 2 4 4 3 2 2 2 3 2 1
1 21 5 4 2 5 3 2
9 13 4 3 6 2 3 2 2 2
8 2 4 29 2 2 4
8 2 29 13

11 21 28
9 2 19 14 2 3 3
1 8 2 19 13 2 2 4
2 8 20 12 2 2 5
2 1 17 11 12 3 2 6
3 18 23 1 1 2 2 4
4 1 15 3 17 2 4 2 4
5 7 4 5 4 9 2 2 1 2 5
5 1 5 1 2 7 13 6 2 1 4
6 1 1 3 1 1 3 10 1 3 2 3 5 2
3 3 5 3 1 3 6 4 2 3 2 2 2
3 5 2 4 9 4 4 7 2 4
3 2 3 6 4 4 2 1 2 2 3 7
5 5 3 5 2 2 2 2 8
1 9 4 6 5 6 3 5
1 1 2 1 10 3 4 2 2 3 6
2 5 2 1 4 3 2 2 3 5 7 1
5 2 3 2 4 4 3 11
3 2 5 2 4 5 3 4 4 7
2 4 2 2 2 12 14 10
2 4 3 2 1 4 4 2 1 14
3 4 2 1 4 3 2 6 12
8 2 3 4 8 4 9
8 2 5 4 1 3 8 3
8 2 2 8 7 3 4 2 2
8 3 2 2 3 6 2 4 3 2 2
8 3 3 3 4 3 7 2
8 3 1 3 8 4 2 4 4 2 3
7 2 1 2 8 3 2 18
1 4 1 2 1 1 5 2 2 2 16
2 4 2 2 2 3 5 3 9 8
2 12 2 2 2 10 3 2
1 12 2 1 1 3 4 6 4
15 3 4 5 3 3
7 7 3 1 2 6 3 3
6 1 4 1 3 4 1 3 3 2
6 1 4 3 5 3 3 2 2
1 5 6 1 5 3 3 2 2
20 1 2 1 3 2
12 3 3 2 2 3
9 2 2 2 2 4
7 2 1 1 2 2 2 4
6 2 1 1 2 1 2 6
2 3 2 2 2 2 2 1 10
6 5 1 2 2 2 3 1 2 3
5 13 2 5 3 2 3 2
5 14 3 7 1 2 9 1
5 2 10 8 2 2 2 3 3
5 8 3 7 2 2 5 2
1 2 13 8 2 4 3 1
4 11 10 3 2 2 7 1
4 4 6 12 2 2 8 2 1
5 9 7 7 3 2 4 2 1
6 8 17 4 2 3 3 1
7 1 5 4 12 1 2 1 2 5 2
2 5 2 4 7 5 3 1 1 3 4 2
10 2 1 7 6 2 1 3 2 3
2 2 2 1 2 4 2 2 1 2 2 6
2 1 3 4 2 2 1 2 1 2 4
4 2 1 2 2 2 1 2 1 2 3 2
2 1 1 2 2 1 2 1 2 3 1
2 1 1 2 2 2 4 4 3 2 1
4 1 1 3 2 3 3 3 2
4 1 2 1 1 2 2
6 6 8

B73 바람을 쐬면 기분이 좋아져요

난이도 ★★★☆☆

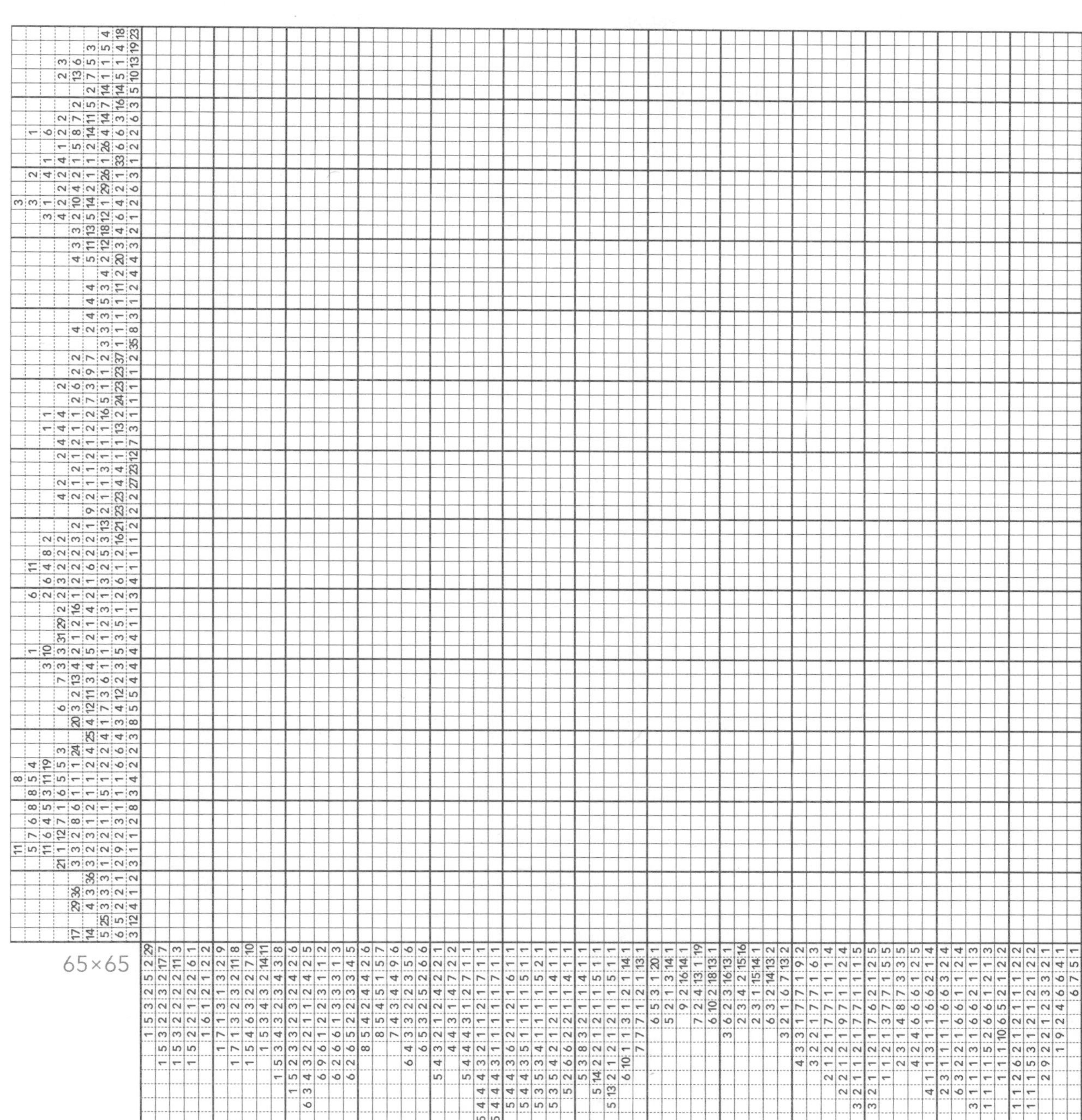

65×65

B74 조용히 앉아서 노래를 들어요

난이도 ★★★★☆

65×65

Column clues (left to right, top to bottom)

Column	Clue
1	6 2 1 1 1 2 5 3 2
2	6 2 1 1 1 2 7 16
3	5 2 2 1 2 2 3 1 6 16
4	5 2 1 2 1 2 4 4 5 15 3
5	4 2 1 1 1 2 7 4 5 3 2 5
6	4 2 2 1 2 1 2 1 1 2 4 3 2 5
7	3 2 2 1 1 2 3 1 5 3 3 2 5
8	4 2 1 1 1 2 2 3 1 5 3 3 2 6
9	4 1 2 2 1 2 2 4 1 6 3 3 2 6
10	3 1 2 1 2 1 7 1 7 3 3 2 6
11	3 2 1 2 1 2 1 7 3 3 2 1 3
12	3 2 1 1 2 2 9 3 3 2 1 2
13	3 2 1 1 1 3 3 3 3 3 2 1 2
14	3 2 1 1 1 2 2 2 2 3 3 2 2 2 1
15	3 2 1 1 1 2 3 2 2 3 3 7 1
16	3 2 1 3 2 3 2 2 3 3 2 2 2
17	3 2 1 4 1 6 2 2 3 3 2 1 3
18	3 2 1 4 1 2 2 2 3 3 3 2 2 1
19	3 7 1 2 5 3 3 3 3 2 4
20	1 2 3 1 1 2 3 7 3 6 2 3
21	4 4 3 2 7 3 4 5
22	4 1 4 1 2 6 3 2 7
23	4 1 1 1 2 2 6 3 2 3 5
24	4 2 1 2 1 2 6 5 3 2 5 4
25	4 2 1 1 2 1 7 1 3 3 1 3 1 1 2
26	5 1 2 1 2 1 7 2 3 1 3 3 1
27	5 1 1 2 1 1 7 2 5 2 1 1
28	5 2 2 1 1 2 7 3 4 2 1 1
29	6 2 1 1 1 2 7 1 2 4 2 1 1
30	1 4 1 1 1 2 1 7 1 2 4 2 1 2
31	7 1 1 1 2 1 9 1 6 2 10
32	7 1 1 2 1 1 1 2 2 6 1 10 2
33	4 1 1 1 2 1 1 6 2 3 1 16 2
34	4 1 1 2 1 1 1 1 3 1 3 1 2 2 1
35	3 2 1 1 1 1 1 1 1 3 3 1
36	1 6 1 1 1 1 1 2 2 6 1
37	1 2 3 1 1 1 1 2 9 2 1 13 1 1
38	2 4 1 1 1 1 2 5 1 1 16 2
39	8 1 1 1 1 2 3 2 2 17 3
40	8 1 1 1 1 2 4 1 1 21
41	8 1 1 1 1 2 2 1 1 22
42	8 1 1 3 2 3 2 1 21
43	4 2 4 1 4 7 3 22
44	6 7 3 2 31
45	5 3 1 2 2 1 19
46	5 3 1 1 2 1 1 1 19
47	4 4 1 1 1 3 1 19
48	3 5 1 1 4 2 1 19
49	4 6 4 2 1 19
50	4 1 7 2 1 20
51	4 1 9 1 3 21
52	4 1 10 2 5 22
53	4 2 5 2 1 4 22
54	5 1 3 3 2 2 24
55	2 2 2 1 2 2 3 1 2 22
56	5 3 1 1 1 5 3 18 3
57	5 6 1 1 1 2 26 2
58	6 8 4 2 8 17
59	7 11 2 4 19
60	5 2 9 5 20
61	1 1 1 8 2 21
62	1 6 2 9 23
63	1 6 1 2 7 19
64	1 4 1 1 1 2 5 15
65	1 1 1 1 1 2 1 10

Row clues (top to bottom, left to right)

Row	Clue
1	6 27 12 17
2	19 9 4 23
3	34 2 16 5 3
4	9 15 2 22 3
5	4 9 7 2 5 3 7 3
6	2 20 4 10 7 2 3
7	6 3 5 13 5 5 2 2
8	5 14 2 7 8 4 6
9	2 5 1 6 7 11 4
10	5 9 1 3 10 7 3 4
11	3 3 9 7 2 6 6
12	6 7 1 4 11 3 11 3
13	4 3 7 7 1 4 6
14	5 4 4 13 3 3 8 2
15	4 11 7 1 2 2 7
16	3 7 6 14 2 1 5 1
17	6 2 8 1 1 1 2 8
18	5 3 19 2 10
19	3 4 1 2 8 2 7
20	6 1 2 6 2 1 5 5
21	3 1 3 2 8 1 2 5 2 3
22	1 1 4 1 11 1 2 2
23	1 2 3 12 1 2 2
24	2 3 8 2 1 2 5
25	3 3 10 1 3 3 2
26	3 2 9 1 2 6 6
27	2 7 2 2 3 6
28	2 2 1 1 4
29	9 2 3 2 1 1 4
30	2 1 5 1 2 1 2 4
31	2 13 1 2 3 1 1 4
32	26 1 3 1 2 2 5
33	2 7 6 8 2 2 1 2 5
34	3 7 6 2 1 1 1 1 1 5
35	3 8 7 2 2 1 1 1 1 5
36	4 19 2 1 1 2 2 6
37	4 14 2 2 3 1 2 5
38	5 1 1 13 2 5
39	29 5 2 3 5
40	28 2 1 2 6
41	27 1 1 3 5
42	10 6 2 1 5
43	4 5 2 5 1 5
44	24 3 23
45	23 2 24
46	21 1 25
47	3 2 1 26
48	3 1 1 26
49	3 2 5 25
50	3 2 6 25
51	3 1 2 2 25
52	3 2 2 2 25
53	17 1 2 24
54	16 2 2 24
55	3 1 1 2 24
56	3 2 2 3 23
57	3 3 2 3 23
58	3 4 2 3 23
59	2 5 2 2 3 1 1 22
60	11 2 1 8 2 21
61	7 5 1 1 24
62	7 2 6 1 16
63	7 2 5 1 6 6
64	6 2 6 4 5 6
65	9 15 5 4

B75 행운만 기다리지 말고 열심히 노력해야 해요

난이도 ★★★★☆

65×65

Column	Clues
1	2 4 11 6
2	4 4 6 4 11 4 3
3	13 19 6 3
4	4 2 2 2 13 8 2 1
5	3 1 1 11 4 3 1
6	2 4 10 2 2 5 1
7	2 4 2 10 1 2 2 6 1
8	2 4 3 10 5 2 2
9	2 4 2 4 10 2 2 5 2
10	6 1 3 5 11 1 2 1 3 2
11	9 2 2 2 11 5 1 1 3
12	3 3 2 2 9 3 1 1 6 4
13	3 1 2 7 3 1 1 5 4
14	3 1 6 6 3 1 1 1 2
15	2 1 7 3 6 3 1 1 1 1
16	2 1 3 3 6 2 1 1 1 1
17	2 2 3 6 2 2 1 1 1
18	2 4 2 3 7 5 1 1 1
19	3 2 5 5 8 1 1 1 1 4 1
20	2 1 3 3 9 2 2 1 5 1
21	2 2 2 7 5 5 2 1
22	4 4 2 1 5 1 2 4 3
23	3 1 6 2 3 3 5 2 2 2
24	3 3 2 3 4 4 6 2
25	3 6 7 1 2 4 15 1
26	2 5 2 2 4 17 1
27	2 2 4 5 19 1
28	2 11 4 4 10 7 1 1
29	3 2 2 5 4 10 7 3
30	3 1 1 3 2 5 9 7 2
31	3 4 2 4 2 6 9 8
32	4 1 3 1 4 2 6 9 8
33	6 1 1 1 1 2 5 10 8
34	2 3 1 1 3 5 11 8
35	2 3 1 1 5 4 19
36	2 2 1 1 4 1 2 19
37	2 3 1 1 3 2 2 18
38	2 1 3 1 3 1 2 19
39	3 1 2 1 3 2 2 3 18
40	2 1 2 2 6 10 17
41	6 2 2 5 9 21
42	2 5 7 7 5 3 3 12
43	3 3 1 2 6 2 5 2 10
44	3 6 4 5 1 3 1 10
45	3 6 3 5 2 3 2 9
46	4 11 6 1 2 7
47	4 4 5 3 3 4 1 5
48	4 3 7 4 2 3 1 5
49	4 4 3 2 1 4 2 3 1
50	4 4 3 3 1 5 7 2
51	4 3 3 1 4 13 3
52	3 4 4 4 4 2 12
53	10 4 6 2 2 3 3 7
54	16 9 2 1 3 4 6
55	16 11 3 1 2 12
56	14 9 1 1 2 8 2
57	11 8 2 1 1 2 5 1
58	9 13 1 1 9
59	2 7 1 10 1 1 11
60	5 5 3 11 1 9 3
61	9 4 5 6 5 12 3
62	16 11 2 22 2
63	17 6 8 20
64	18 3 38
65	20 40

Row	Clues
1	7 7 3 4 7
2	10 11 4 4 7
3	4 7 5 5 4 6
4	3 3 3 5 4 4 6
5	2 1 10 6 4 6
6	2 2 4 11 5
7	7 1 2 10 5
8	8 1 2 9 5
9	3 2 3 3 7 5
10	2 1 2 4 5 6 4
11	3 1 1 1 5 6 4
12	2 3 1 1 2 7 7 4
13	2 1 2 2 2 1 22
14	2 1 6 1 1 1 10 22
15	2 4 3 1 1 3 4 2 4 17
16	4 2 2 1 1 2 5 3 2 3 14
17	3 2 2 1 2 1 2 2 1 2 4 3
18	3 2 1 2 1 2 7 2 2 3 2
19	3 1 1 3 4 3 2 11 1
20	3 1 1 2 1 10 1 3 9 4 1
21	2 2 1 2 1 1 3 11 4
22	2 1 1 1 1 1 1 4 12 4
23	2 1 1 3 1 1 1 2 2 2 9 3
24	2 2 7 1 2 1 3 2 1 8 2 1
25	2 1 8 2 3 1 1 4 1 1 9 2
26	2 1 3 2 6 2 2 6 4 9 2
27	2 5 1 6 2 2 2 6 3 3 5 2
28	2 3 6 3 3 2 5 2 1 1 5 2
29	2 4 2 3 4 3 1 1 4 3
30	2 3 9 11 2 5 3
31	2 7 3 7 3 3 1 4
32	3 1 8 2 1 1 1 4
33	3 3 6 2 3 2 9 3
34	11 1 5 2 7 1 3
35	12 2 2 6 7 6 3
36	13 4 8 4 12 1 3
37	23 9 9 4 2 2
38	46 2 1 2
39	40 2 4 1 2
40	34 2 2 1 2
41	27 1 2 1 2
42	21 4 2 2 4
43	12 9 1 4
44	4 12 1 4
45	10 15 1 2 4
46	4 32 3 4
47	2 1 6 1 2 21 3 4
48	2 2 2 3 2 23 4 5
49	2 2 8 2 18 7 5
50	3 2 2 18 3 5
51	1 2 12 8 10 3 5
52	1 2 3 5 9 3 6
53	2 15 3 10 4 6
54	2 2 2 2 21 6 7
55	2 2 2 2 22 15
56	1 1 1 2 1 22 2 12
57	2 1 1 2 23 2 3 8
58	2 2 1 2 23 3 11
59	1 2 2 24 3 7 3
60	2 3 2 23 10 3
61	1 3 2 2 18 8 3
62	1 3 2 2 3 8 1 11 2
63	4 3 2 2 8 5 1
64	3 7 9 2 4 4
65	24 4

B76 쇠를 달궈 망치로 두드려요

난이도 ★★★★☆

65×65

열	단서 (위→아래)
1	9 2 2 2 1 16 4
2	8 2 3 2 1 7 7 8
3	7 2 2 3 3 5 4 5 5
4	5 2 2 24 6 5
5	4 2 2 7 2 10 5
6	3 3 7 1 11 4
7	3 3 7 1 13 4
8	4 6 2 1 17 4
9	2 3 4 1 1 17 4 2
10	2 3 3 1 1 22 2
11	1 5 3 7 16
12	1 3 3 5 5 4 11
13	2 2 25 3 10
14	4 12 14 4 11 4
15	12 4 2 9 20 3
16	1 8 5 2 7 13 4
17	1 2 2 4 6 7 13 4
18	1 2 5 2 2 7 12 4
19	1 3 3 2 5 3 2 2 10 4
20	9 2 1 3 1 2 2 12 4
21	10 3 1 1 7 6 1 8
22	1 5 4 1 1 2 1 3 1 7 2 1
23	1 5 3 2 3 2 1 2 1 5 3 1
24	1 6 1 2 3 2 4 2 2 1 3 5 1 1
25	2 8 5 6 2 5 4 5 1 1
26	13 2 2 2 2 3 1 2 5 1 1
27	4 2 6 3 3 7 1 5 1 1
28	3 2 3 3 3 1 1 1 5 1 1
29	2 4 3 3 2 2 2 5 1 1
30	3 6 4 1 1 1 2 5 1 1
31	3 3 3 2 2 6 1 1 5 4 1 1
32	6 3 3 3 3 1 12 1 1
33	5 6 3 2 4 12
34	5 2 25 1 3 8 2
35	6 2 20 2 1 2 8 2
36	10 2 3 2 2 2 4 2 2 8 2
37	9 2 2 2 2 1 2 1 2 1 8 2
38	6 4 2 2 2 4 1 2 2 2 2 2
39	6 7 2 2 5 2 2 6 5
40	3 2 3 4 2 1 2 2 2 6 3
41	2 1 1 21 3 2 2 3
42	1 1 1 3 16 2 2 3 3
43	1 1 1 1 1 4 3 1 5 3
44	1 1 6 2 7 2 4 3 2
45	1 1 1 1 1 2 2 5 2 5 3 3
46	1 1 1 1 1 2 7 1 4 1 5 12 2 1
47	1 3 4 7 4 14 1 3 2
48	1 2 3 6 1 2 2 7 2
49	2 5 5 1 1 2 2 7 3
50	2 12 1 1 5 7 3
51	2 3 4 2 2 4 7 3
52	2 4 4 2 1 6 10
53	3 10 9 2 2 1 10
54	4 5 3 1 1 2 1 9
55	7 2 8 2 1 1 8 2
56	7 4 4 3 2 1 2 1
57	7 2 3 3 2 1 10 2
58	7 1 2 4 5 9 3
59	8 2 5 1 2 9 3
60	8 2 4 2 3 10 3
61	8 2 1 1 2 2 20 2
62	9 2 1 1 3 26
63	11 2 2 2 28
64	23 16 11
65	30

행	단서 (왼쪽→오른쪽)
1	65
2	10 3 2 17 17
3	8 2 2 3 11 13
4	5 2 3 2 2 8 12
5	4 2 2 2 2 19 11
6	3 3 9 2 3 6 7 11
7	4 18 3 2 4 17
8	2 3 6 12 9 6 7
9	1 3 3 3 7 3 6 7 3 4
10	6 5 7 3 3 7 2 1 2 3
11	4 6 5 5 2 2 1 2 1 3 3
12	2 2 4 3 5 3 1 2 4 4 2
13	4 3 3 5 3 2 3 4 2
14	6 4 3 3 2 2 7 4 5 2
15	4 6 7 6 12 5 2
16	2 5 2 2 3 3 4 6 2
17	2 3 5 1 1 2 3 5 2 1 2 2
18	13 1 1 3 9 2 2 2 2
19	7 3 2 2 15 3 1 2 2
20	3 3 2 2 11 6 1 1 4
21	2 3 3 2 2 2 1 1 1 1 3
22	5 3 1 3 2 2 1 1 1 1 2
23	5 5 3 2 2 1 2 3 2 2
24	2 2 3 5 6 2 2 5 1 2 1 1
25	1 2 2 2 3 9 1 1 4 2 1
26	1 2 1 3 3 2 2 3 2 2 1
27	1 1 2 1 3 3 2 3 1 1 4 1
28	4 1 3 1 2 2 3 2 3 2 4 1
29	2 1 8 2 5 1 10 1 6 1
30	3 8 4 2 2 2 8 1 2 3
31	1 2 10 3 3 2 2 2 4 1
32	1 16 1 6 1 2 2 1
33	1 1 11 2 3 2 3 2 4
34	4 7 1 3 2 2 2 1 5 3
35	5 9 1 1 2 4 1 2 2 3 1
36	6 2 4 1 5 3 1 1 1 2 2
37	1 7 1 1 2 6 2 10 3 2
38	1 12 5 6 4 10 2 2
39	1 12 3 4 2 8 3 3 3
40	1 10 5 2 1 20 3
41	1 9 4 2 1 5 8 3
42	1 7 6 1 6 1 4 1 3
43	2 16 1 2 4 1 4
44	2 16 3 4 5 2 4
45	2 16 1 3 4 1 4
46	3 17 2 4 8 3
47	3 20 7 8 3
48	4 17 5 2 8 3
49	4 15 2 2 1 3
50	1 25 2 1 3
51	1 13 8 2 1 3
52	1 10 1 11 3 1 5
53	2 5 1 1 11 4 1 8
54	1 1 1 18 1 10
55	1 1 1 2 7 10 8
56	1 1 1 3 9 8 8
57	2 1 1 1 1 7 1 8 8
58	1 1 2 2 1 6 1 8 8
59	1 2 1 1 1 5 1 8 8
60	2 1 1 1 2 3 2 9 8
61	5 1 10 1 2 9 8
62	9 19 2 2 3 2 4
63	8 7 1 2 2 6 1 3 2
64	9 6 3 2 7 1 6
65	8 14 8 7

C77 누구보다 빠르게 달려요

난이도 ★★★★☆

60×70

Column	Clues
1	12 7 4 14
2	12 7 4 3 8
3	11 7 4 3 9
4	11 7 6 11
5	2 11 5 5 5 2 8
6	3 10 2 5 3 5 4 8
7	4 10 2 3 6 2 1 8
8	5 10 2 4 7 2 8
9	6 10 2 1 2 4 3 2 8
10	6 10 2 7 1 4 1 10
11	7 9 1 2 1 1 4 2 9
12	7 8 2 1 2 1 1 4 1 9
13	8 8 1 2 8 5 1 8
14	8 10 4 3 7 2 8
15	9 5 1 9 5 5 7
16	9 6 2 1 8 10 7
17	9 8 6 9 3 2 7
18	8 10 18 1 2 8
19	8 6 4 17 2 2 10
20	7 8 2 5 4 1 1 3 8
21	7 9 4 1 1 4 1 2 3 8
22	7 6 4 3 4 1 1 3 8
23	7 5 1 1 5 1 5 2 3 8
24	7 4 2 9 3 5 2 2 8
25	7 4 2 1 9 1 1 5 1 2 8
26	7 4 1 3 6 5 6 2 8
27	8 4 2 4 1 7 3 3 4 8
28	9 9 2 2 5 2 12
29	9 2 3 2 2 5 2 9
30	10 8 4 2 5 3 4 1
31	12 8 3 1 5 4 2 2
32	12 8 1 2 5 3 6 1 1
33	12 8 2 1 5 3 7 1 1
34	12 8 1 2 5 3 2 5 5 2 1
35	12 8 2 2 4 2 1 7 4 1
36	12 8 3 2 2 3 1 4 3 3 1
37	12 2 1 3 4 6 2 3 1
38	12 9 2 11 7 4 1
39	12 7 2 2 11 3 5 4 1
40	2 3 4 4 2 11 2 5 4 2
41	1 6 2 1 2 2 11 2 5 4 2
42	9 2 1 5 15 5 7
43	13 1 2 13 5 7
44	10 2 2 1 11 5 7
45	5 2 2 4 1 9 4 4 7
46	6 1 4 1 7 8 5 7
47	7 1 1 2 1 6 10 5 7
48	3 5 1 2 7 10 5 6
49	3 1 1 1 2 1 1 7 2 7 4 6
50	2 2 3 2 2 12 3 7 4 6
51	5 3 7 2 9 2 2 3 4 6
52	1 2 3 4 2 8 1 2 5 6
53	6 5 2 2 7 3 5 6
54	13 1 2 6 2 5 6
55	13 2 2 4 1 5 6
56	12 5 2 2 2 5 6
57	12 2 3 2 1 5 6
58	12 10 1 2 5 6
59	12 10 2 2 5 6
60	12 10 5 5 6

Row	Clues
1	37 8 9
2	36 10 8
3	34 9 1 8
4	33 7 1 8
5	32 7 3 8
6	31 4 2 2 8
7	29 4 1 1 7
8	7 13 5 2 7
9	3 7 13 4 3 8
10	10 11 3 2 8
11	2 13 10 1 4 9
12	5 14 9 2 1 9
13	10 8 2 4 3 4
14	14 7 1 2 2 4 4
15	14 6 3 2 8 2 4 1 3 4
16	14 3 2 2 2 8 6 3 2 3
17	14 3 1 1 7 3 2 2 1 3
18	15 3 2 7 2 1 2 1 3
19	16 3 4 7 2 1 2 1 3
20	16 2 1 8 3 2 2 2 3
21	15 3 2 8 3 5 2 4
22	11 5 4 8 1 2 2 2 5
23	3 3 5 5 1 2 5
24	3 3 2 2 3 1 2
25	2 4 3 2 1 1 1 2
26	2 10 1 1 2 3
27	2 9 1 2 8 1
28	2 10 2 3 2 1
29	2 3 10 3 3 1
30	1 4 3 5 1 3 7
31	1 3 6 1 2 14
32	1 1 6 2 5 23
33	2 1 5 1 1 4 2 22
34	1 1 5 7 2 3 18 2
35	1 1 5 1 3 17 1
36	4 1 1 12 9 7 1
37	4 2 3 11 10 9 2 1
38	5 1 2 11 10 8 2 2
39	5 2 3 7 9 9 1 2
40	6 1 3 4 8 8 3 3
41	6 1 2 1 7 9 4 6
42	6 2 1 5 1 8 4 2
43	5 3 2 1 2 2 4 2
44	1 1 3 2 1 4 2
45	2 2 2 1 2 7
46	7 1 1 1 2 3 5
47	16 2 2 2 5
48	17 7 2 5
49	18 4 5 5
50	13 2 2 3 5
51	2 2 4 3 2 9 3
52	1 2 1 4 1 14 9
53	2 3 1 3 1 26
54	1 2 3 2 2 2 29
55	2 1 5 1 2 4 21
56	1 1 2 2 1 5 15
57	1 4 1 1 1 5
58	1 2 2 1 2 2 5
59	1 1 2 1 1 1
60	1 2 3 2 1 2
61	14 2 2 1
62	29 1
63	30 14
64	30 27
65	30 26
66	31 2 23
67	29 4 19
68	29 20
69	13 21
70	10

C78 땅에 떨어뜨리면 안 돼요

난이도 ★★★★☆

60×70

열	힌트
1	11 1 9 4
2	1 12 5 2 3 3
3	2 4 6 3 4 5 3
4	1 12 3 6 6 2
5	16 2 8 8 8 2
6	1 15 2 3 3 19 2
7	16 5 3 2 2 20 2
8	2 12 8 3 1 2 23
9	1 7 5 4 5 1 1 19 3
10	15 4 4 1 20 2
11	1 12 4 1 3 2 19 1
12	14 2 1 2 3 7 18 4
13	14 1 2 2 3 2 17 4
14	12 2 7 7 3 14 4
15	11 1 7 11 11 3
16	11 1 7 1 22 4
17	2 8 7 1 2 1 3 7 9 4
18	1 4 4 6 2 3 3 6 9 4
19	11 5 2 2 2 1 11 4
20	11 8 2 2 1 13 4
21	12 5 3 1 1 14 4
22	1 11 2 3 2 13 4
23	2 12 1 1 15 4
24	15 1 2 12 2 1 2
25	1 12 3 3 12 2 4
26	2 10 1 2 2 10 2 4
27	14 4 2 1 4 7 2 4
28	1 4 8 5 2 1 5 1 6 2 4
29	2 10 1 6 1 4 3 1 2 3 4
30	15 7 1 2 3 3 5 4
31	1 6 5 8 3 2 2 3 3 5
32	14 9 1 4 2 3 5
33	15 13 2 1 3 1 2 5
34	16 10 1 5 2 1 5
35	3 5 3 6 4 1 3 3 5
36	9 4 2 7 6 3 4 5
37	3 4 6 7 3 1 1 1 5
38	4 2 9 8 1 3 2 2 5
39	2 4 5 3 6 4 1 1 5
40	3 3 5 2 2 3 6 1 3 1
41	5 1 6 3 2 1 3 2 1 1 5
42	2 3 1 6 2 4 2 4 2 4 2 5
43	3 4 6 2 6 9 2 6 4
44	3 1 2 5 2 2 1 7 1 2 2 5 2 3
45	2 2 3 5 2 1 1 14 1 1 11 4 2
46	3 1 3 6 1 2 8 1 4 6 2 5 2
47	5 3 8 4 3 2 3 1 1 5 4 3 2
48	1 2 4 6 5 3 2 3 1 6 2 3 2
49	4 5 11 3 3 4 3 2 3 2
50	2 8 6 1 2 4 2 3 3
51	3 6 1 3 3 2 3 4
52	4 13 6 2 2 6 5
53	17 8 5 12 5
54	3 12 11 3 1 5 4
55	3 12 8 4 8 5
56	3 2 9 12 2 1 5
57	15 12 1 5
58	13 12 2 2 2
59	9 3 15 5
60	12 12 5

행	힌트
1	2 6
2	1 4 6 4
3	2 1 3 6 4 3
4	2 9 6 3 8
5	2 1 10 5 3 3 1 5
6	1 12 21 4 3 5
7	2 17 2 2 2 5 6 9 5
8	1 19 2 2 5 2 2 11 4
9	60
10	38 12
11	8 8 19 8 6 4
12	27 8 12 10
13	2 32 14 9
14	30 3 15 9
15	13 17 15 9
16	9 4 16 4 3 5 7 1
17	8 5 2 14 3 4 9
18	7 4 6 14 2 2 2 1 2 9
19	5 4 8 3 2 7 1 2 2 1 9
20	2 2 14 2 1 3 4 2 2 2 4
21	3 10 1 4 6
22	2 9 5 2 3 4
23	2 3 2 6 3 3 6
24	2 3 1 8 5 2 7
25	2 2 4 9 2 2 8
26	2 2 2 1 10 5 9
27	4 1 10 3 3 8
28	4 1 2 11 7 8
29	5 1 4 7 2 7 7
30	7 2 2 7 1 3 1 5
31	2 8 7 1 4 1 5
32	2 4 4 2 3 1 6 7
33	1 2 1 3 1 1 4 2 4 6
34	2 1 2 3 1 1 1 4 2 3 12
35	1 2 1 5 2 3 2 2 1 4 5 3
36	2 1 1 4 4 4 1 1 1 4 2 2
37	1 1 1 4 3 2 2 3 1 6 2 2
38	1 1 1 3 2 1 8 2 1 8 1
39	1 1 8 4 3 2 2 10 1 2
40	2 1 7 1 4 4 4 4
41	1 1 3 2 4 3 4 1 1
42	1 2 3 3 2 1 2 3 1 3 1
43	1 1 7 2 4 2 1 3 3 1
44	1 2 3 1 2 1 5 1 2
45	1 2 3 2 3 4 3 1
46	1 9 4 1 2 2 3 1
47	1 12 8 1 2 2 1
48	23 1 3 3 1 4 2
49	24 4 2 4 2 5 1
50	23 3 11 1
51	24 6 1
52	23 6 1
53	24 5 1
54	23 3 1
55	24 1 1
56	9 10 1 1
57	9 10 1 1
58	9 9 1 1
59	10 9 2 2
60	10 6 2 7
61	11 1 2 6
62	11 2 2 1 1
63	11 2 3 2 2
64	10 7 2 3
65	9 5 8
66	1 5 12 7 9
67	2 2 32 5 10
68	3 3 12 20 8 2
69	10 28 20
70	7 4 38 6

C79 눈을 바라보는 순간 사랑에 빠졌어요

난이도 ★★★☆☆

70×60

C80 물속에 사는 동물들을 관찰해요

난이도 ★★★★☆

70×60

C81 파도 속을 멋지게 빠져나가요

난이도 ★★★★☆

70×60

C82 치열하게 싸워요

난이도 ★★★★★

70×60

C83 그림 재판 시작하겠습니다

난이도 ★★★★☆

70×70

세로	힌트 (위→아래)
1	5 15
2	1 2 15
3	2 1 15
4	4 8 15
5	2 2 2 10 4
6	2 1 1 7 2 3
7	2 1 1 4 6 2 2
8	2 2 2 7 5 1 2
9	2 10 9 11 5 1 2
10	3 9 3 2 12 4 1 2
11	4 1 2 2 1 1 4 9 4 1 2
12	1 2 2 6 1 2 1 1 2 1 9 3 1 2
13	5 1 1 3 1 1 1 1 1 9 2 1 2
14	3 3 5 2 1 1 1 6 9 2 1 2
15	2 3 2 6 1 1 1 1 2 9 2 1 2
16	2 3 1 3 10 10 2 1 2
17	8 2 5 1 12 3 2 2
18	1 1 3 20 4 2 3
19	4 2 7 13 8 4
20	3 3 13 12 13
21	2 4 35 10 14
22	1 1 15 7 14
23	2 4 42 15
24	3 4 20 20
25	1 26 15
26	1 11 2 15
27	1 1 1 15
28	2 1 1 15
29	1 6 1 1 15
30	1 12 2 32
31	1 16 1 1 2 12
32	19 3 1 2 3 6
33	13 5 2 3 1 2 2 4
34	10 2 5 3 19 3 2
35	8 1 1 5 4 1 2 3
36	7 1 3 1 5 1 2 1 3 3
37	7 5 1 2 2 1 2 1 4 1
38	6 2 3 2 1 2 3 2 1 1 4
39	6 5 1 2 1 11 18 3
40	5 1 1 2 1 12 1 3
41	4 4 2 1 11 1 1 3
42	4 2 1 2 1 1 3 2 1 1 2 3
43	3 5 1 2 2 2 2 1 1 3 1
44	5 1 3 1 1 2 3 18 1 3 1
45	5 1 1 1 2 2 3 1 1 1 2 1
46	8 1 2 6 2 1 1 1 2 1
47	13 7 2 1 1 1 2 1
48	22 3 1 1 1 2 1
49	19 3 18 1 3
50	1 14 1 1 1 1 3
51	1 8 1 1 1 1 2
52	1 3 1 1 1 1 1
53	1 2 1 1 1 1
54	1 22 5 1
55	2 32 1 1
56	3 3 31 2 1
57	2 4 47 2 3 1
58	1 1 26 1 1 1 2
59	2 4 45 3 1 2
60	3 3 20 2 1 2
61	2 15 3 1 2
62	8 2 12 2 2
63	14 7 17 2
64	23 10 6 2 2
65	29 33 2
66	1 27 2 1 3 2
67	3 25 34 2
68	21 17 3 6 2
69	15 10 15
70	12 5 15

가로	힌트 (왼쪽→오른쪽)
1	3 9 3 3
2	2 2 15 2 2 1 1
3	1 1 17 1 1 3
4	2 2 15 6 2 2 2
5	3 3 9 9 3 2
6	2 1 1 3 9 5 3 1 1 3
7	3 3 2 2 7 4 3 2 4
8	1 6 1 1 5 5 1 1 4
9	2 2 1 1 2 8 8 2 1 4
10	3 5 1 1 5 3 2 4 1 1 4
11	1 3 1 1 21 1 1 5
12	2 3 1 1 4 2 1 1 2 4 1 1 5
13	3 2 1 1 4 2 1 1 2 4 1 1 5
14	1 5 2 1 1 6 2 2 6 1 1 5
15	2 5 2 1 1 4 5 4 4 1 1 6
16	1 2 6 1 1 4 3 4 1 1 6
17	1 2 4 1 1 5 6 1 1 6
18	1 2 1 1 1 1 5 5 7 1 1 6
19	1 2 1 1 1 1 6 5 7 1 1 7
20	1 2 1 1 1 1 6 7 1 1 7
21	1 2 3 2 1 1 1 7 9 1 1 8
22	2 5 5 1 1 10 4 1 1 8
23	8 4 1 1 4 3 1 1 8
24	1 1 1 1 4 2 1 2 1 1 8
25	1 2 1 1 3 1 2 2 5 1 1 8
26	1 1 1 1 3 2 2 2 2 3 1 1 9
27	1 3 1 4 1 2 3 1 4 1 9
28	1 1 2 1 4 2 3 2 4 1 9
29	5 1 1 4 2 5 2 4 1 1 7
30	2 3 2 1 4 10 2 6 3 4
31	1 1 1 8 1 8 6 4 3
32	2 6 7 1 3 2 6 5 2
33	1 1 7 1 3 1 6 5 2
34	1 7 7 2 3 1 6 3 2 1
35	1 2 7 7 7 3 2 1
36	1 6 8 5 7 3 2 1
37	1 1 7 3 7 2 2 1
38	1 5 8 1 7 2 3
39	1 2 1 1 43 2 3
40	2 1 11 1 1 1 1 1 8 2 3
41	5 1 8 1 1 1 1 1 8 1 4
42	1 3 8 1 1 1 1 1 8 1 4
43	3 3 1 6 1 1 1 1 1 8 1 4
44	3 2 5 1 1 1 1 1 9 1 4
45	3 3 4 1 1 1 1 1 9 1 4
46	4 5 3 1 1 1 1 1 10 1 3
47	5 5 1 1 1 1 1 1 1 10 1 3
48	6 8 1 1 1 1 1 1 9 1 2
49	17 1 1 1 1 1 1 9 1 2
50	16 1 1 1 1 1 1 11 2
51	15 2 1 1 1 1 1 11 1
52	14 1 1 1 1 1 1 11 1
53	14 1 1 1 1 1 1 11 1
54	13 1 1 1 1 1 1 11 1
55	11 1 1 1 1 1 1 4 4 1
56	9 9 34 1 6
57	11 6 17 4 1 1 1 4
58	12 12 3 13 5 1 1 4
59	31 2 2 1 1 1 1 1 1 2
60	31 2 2 6 1 1 1 1 2
61	7 16 2 1 2 4 4
62	6 15 2 2 14
63	5 15 1 2 6
64	5 13 2 2 2 5
65	6 15 1 1 2 4
66	4 2 2 13 2 2 2 3
67	5 11 15 1 1 2 2
68	6 16 2 10 2
69	34 1 21
70	34 2 13

C84 등에 올라타요

난이도 ★★★★☆

70×70

No.	Clues
1	9 1 1 1 1 1 2 1 1 24
2	9 5 1 1 1 2 1 1 24
3	9 1 1 5 6 5 24
4	13 1 1 1 6 5 19
5	9 1 5 1 1 6 1 5 18
6	9 1 1 5 2 1 1 2 1 18
7	9 1 1 1 1 2 1 1 3 1 18
8	9 1 1 1 1 2 8 2 3
9	40 14 3 2
10	5 6 2 5 1
11	7 6 11 3 1
12	13 4 8 9 9 3 1
13	1 2 8 11 6 8 3 1
14	1 5 1 6 2 6 4 8 3 1
15	2 1 1 8 2 3 5 8 3 2
16	1 1 1 9 4 6 11 3
17	1 1 1 1 7 5 6 7 4
18	1 1 1 1 6 1 1 3 6 1 1 4
19	1 1 1 1 6 2 1 2 4 1 1 1 4
20	23 2 1 1 2 2 2 3 1 4
21	9 1 5 2 1 3 3 2 10 3
22	9 1 1 4 3 4 5 8 3 2
23	9 1 1 5 1 2 4 3 3 8 4 1
24	24 2 2 4 2 11 3 1
25	9 2 8 2 12 9 3 1
26	8 2 10 8 2 15 1
27	6 2 4 7 2 3 7 4 1
28	4 2 4 3 2 2 2 1 2 2
29	2 2 2 3 2 3 5 1 2 2
30	2 2 1 2 4 1 2 4 1 3 1
31	3 4 2 2 2 2 2 2 1 2
32	14 2 1 2 3 2 2 2 1 1 1
33	15 2 1 5 5 2 4 12 1
34	4 1 1 2 2 1 1 3 2 1 2 11 2
35	4 1 1 2 2 2 3 4 2 2 11 1
36	4 10 2 4 3 2 1 4 11 1
37	4 1 1 2 2 2 1 1 8 12 1
38	4 1 1 2 2 3 3 2 1 9 12 1
39	4 10 7 3 3 1 2 10 14
40	4 2 3 3 1 5 3 2 3 3 2 1
41	4 2 3 2 1 1 2 2 2 3 1 1 1 3
42	4 8 5 2 1 1 8 4 4 3 1 1 3
43	4 2 4 5 11 3 5 3 2 2
44	4 8 7 2 4 1 3 2 4 1 2
45	4 8 8 1 2 1 2 2 4 1 2
46	4 8 9 2 1 2 1 2 5 1 2
47	4 2 7 1 2 1 3 3 2 8 2
48	4 10 7 7 6 2 3 1 6 2
49	4 1 1 2 10 5 6 1 4 2 3 1
50	4 1 1 5 2 9 14 2 7 4
51	15 6 13 2 4 8
52	14 2 10 2 4 5
53	3 4 2 9 3 1 3
54	2 2 3 2 2 2 1 3
55	2 9 5 5 2 2 1 3
56	4 2 26 2 2 1 3
57	7 2 1 6 6 5 3 4 5 5
58	9 2 2 6 6 5 4 3 4 6 1
59	9 2 6 6 5 4 3 6 4 2
60	7 1 6 5 4 6 2 3 5 4 2
61	4 7 1 3 5 3 6 2 3 7 1
62	16 2 3 3 6 1 2 1 3 1
63	16 3 5 5 6 2 1 3 1
64	16 3 6 7 5 2 1 3 1
65	13 3 6 7 2 10 1 3 1
66	7 1 3 6 7 6 3 5 2
67	8 1 3 6 7 6 9 5 3
68	8 2 1 3 6 6 7 11 6
69	8 2 1 2 1 4 6 7 23
70	5 2 1 1 3 2 4 7 23

No.	Clues
1	9 6 19 3 4 2
2	9 7 21 3 4 2
3	9 4 7 26 3 4 3
4	9 1 13 26 3 5 3
5	9 1 8 3 3 3 4 3
6	9 1 15 8 5 3 4 3
7	9 1 1 9 2 1 1 1 2 4 4 3
8	9 1 1 10 2 1 1 5 1 2 3 8
9	9 1 1 10 2 1 1 5 1 2 3 7
10	1 1 1 7 1 8 1 3 5 10
11	1 1 1 1 1 2 1 1 1 3 1 2 9
12	1 1 1 1 10 1 1 5 1 20
13	9 1 14 1 1 5 1 20
14	1 1 1 1 1 23 6
15	1 1 2 1 1 26 5
16	1 1 8 1 1 1 13
17	9 5 2 7 6
18	1 1 1 1 1 12 2
19	1 1 8 43
20	1 1 11 33 8
21	9 13 1 10 7 6 1
22	1 1 14 1 8 7 2
23	1 1 9 5 1 2 8 7 6 1
24	1 1 8 4 4 2 2 2 3 6 8
25	9 6 3 2 2 1 1 2 2 8
26	1 1 5 3 5 1 2 2 1 3 4 8
27	1 1 2 2 2 3 1 2 1 3 3 7 7
28	1 1 1 1 2 1 3 1 1 2 2 1 8 5 1
29	9 3 4 1 1 4 2 5 1 8 1
30	2 1 3 2 2 2 2 2 1 4 8 6
31	2 1 2 3 1 2 1 9 7 8
32	2 1 9 2 1 8 4 1 8
33	9 5 2 1 3 1 3 3 6 8
34	9 5 2 6 1 1 1 2 3 3 7 8
35	1 1 5 6 6 1 2 1 2 3 7 7
36	1 6 4 6 1 3 1 2 3 7 4
37	1 7 4 2 2 6 3 5 3
38	14 3 1 1 4 4 1 4 5
39	2 6 3 2 1 11 1 7 5
40	2 6 7 2 6 9 5
41	2 1 2 4 4 7 9 5
42	8 1 1 15 15
43	1 2 1 14 11
44	2 1 5 2 3 12
45	1 2 12 2 2 9
46	2 2 2 12 2 7
47	3 2 5 3 4 3 2 2
48	3 1 1 13 4 4 2 2 4
49	3 1 14 7 3 2 1 4
50	3 1 12 1 3 5 1 2 1 1 4
51	3 6 2 5 3 1 5 5 2 1 2 1 4
52	4 2 1 3 2 1 2 1 2 5 1 2 1 1 4
53	7 2 5 2 1 1 5 2 1 2 1 4
54	7 3 1 2 2 2 1 1 2 1 4
55	7 1 2 3 4 2 4 2 3 1 4
56	7 1 6 5 7 2 3 3 2 1 4
57	7 1 19 13 2 2 2 3
58	7 1 7 8 3 8 2 3 4 1 3
59	7 1 7 8 10 2 3 1 2 2 2
60	7 1 7 7 7 1 3 1 1 1 1 2
61	7 9 7 7 7 1 2 2 1 2
62	7 18 7 6 2 2 2 1 2
63	7 7 7 16 1 1 1 2 2
64	7 2 1 1 1 8 5 1 9 2
65	7 2 2 3 2 7 1 1 5 1 3
66	7 8 8 4 9 1 18 3
67	7 7 4 7 1 3 5 4 1 8 3
68	8 5 6 5 2 1 2 9 4 4
69	9 8 2 4 1 8 8 2 5
70	30 6 9 5 13

C85 시원한 바람을 즐겨요

난이도 ★★★★☆

70×70

열	힌트 (위→아래)
1	5
2	7
3	4 2
4	8
5	3 4 4
6	4 6 1 3
7	13 4
8	4 9 2 2
9	3 4 10 2 2
10	4 4 8 1 6
11	3 9 1 6
12	3 6 5 6
13	3 4 10 6
14	7 16 6
15	9 6 19 7
16	2 4 26 2 3 7
17	2 15 12 2 2 1 8
18	4 9 3 12 3 1 1 8
19	10 3 1 2 7 4 4 1 1 8
20	14 4 2 2 1 5 3 5 2 1 8
21	6 2 1 1 5 11 2 1 8
22	2 2 1 4 14 3 8
23	2 2 2 3 10 4 3 9
24	2 2 2 2 10 5 3 9
25	1 2 3 3 13 2 3 9
26	2 1 3 2 13 3 3 6 3
27	1 2 3 3 12 3 2 1 6 4
28	6 2 4 2 3 2 12 4 1 1 6 3
29	10 1 10 2 18 1 1 6 3
30	4 1 2 2 1 1 3 11 5 2 1 6 3
31	3 1 2 2 1 2 3 9 1 8 1 1 6 3
32	4 1 1 1 5 3 4 21 3 6 3
33	3 3 5 8 22 2 6 3
34	4 2 2 8 3 24 1 2 3 3
35	4 1 2 1 1 9 25 1 2 2 3
36	4 1 2 1 20 12 5 6 2
37	4 1 1 1 3 3 8 13 7 4 3
38	5 1 2 3 3 1 4 13 9 3 3
39	6 6 3 2 13 10 2 1 3
40	8 6 18 10 3 1 3
41	5 7 1 10 9 3 3 3
42	7 5 6 4 18 6 2
43	4 3 6 12 11 3
44	5 3 5 6 19
45	6 1 8 20
46	3 2 2 2 20 1 1
47	2 4 1 10 8 2 5
48	5 1 10 2 3
49	4 1 12 2 2
50	3 10 1 3 1
51	5 5 1 4 2
52	15 3 1 3 2 6
53	11 4 4 2 2 3 4
54	2 7 1 8 2 6 7
55	3 5 2 3 2 2 1 4
56	4 3 4 3 3 2 1 20
57	4 5 3 2 5 21
58	2 1 3 2 1 7 4 2 1
59	1 2 3 2 2 6 6 5
60	2 2 4 2 1 2 3 1 4 6
61	1 2 4 2 3 3 1 4 1
62	1 2 6 6 1 2 4
63	2 2 7 6 3 2
64	1 2 6 5 2 2
65	1 3 8 2 6 1
66	4 1 5 3 2
67	1 1 3 4
68	1 2 2 6
69	4 5 3 5
70	2 5 7

행	힌트 (왼쪽→오른쪽)
1	2 2
2	2 7 2
3	2 11 2
4	2 13 2
5	2 5 9 2
6	2 3 5 2
7	2 2 4 2 4
8	2 5 3 4 2 4 5
9	2 2 1 1 2 3 1 2
10	2 5 4 1 1 3 2 2 1
11	2 3 2 2 3 2 5 2
12	2 1 2 2 2 3 10
13	3 2 3 4 12
14	3 2 2 9 9
15	2 2 14 2
16	4 5 11 2
17	2 1 7 8 1 2
18	2 1 3 2 3 3 3 3
19	1 2 3 3 3 1 3 1 3
20	1 2 2 2 5 1 1 2 5
21	2 6 2 3 1 1 7 1
22	4 3 2 6 1 8 1
23	4 2 6 1 5 1
24	4 1 7 2 3 2
25	1 2 3 5 1 2 1
26	4 5 5 2 2 1
27	3 2 1 3 2 3 3 2
28	5 3 4 12 4 3
29	2 4 4 3 2 2 2 6
30	2 4 4 2 1 2 2
31	3 4 4 3 1 3 2
32	3 3 4 4 2 2 3 7
33	4 5 4 5 2 3 2 10
34	6 4 7 3 2 2 12
35	7 7 7 4 2 2 2 6
36	16 8 5 4 1 5
37	6 1 5 9 5 3 3 2 5
38	3 1 1 5 11 6 1 1 3 2 4
39	2 2 6 12 9 1 1 2 1 2
40	1 6 13 9 1 1 4 2
41	1 5 23 2 2 2 3
42	2 5 19 3 1 2 3
43	3 5 20 3 1 3 4
44	4 5 10 9 3 1 1 6
45	5 27 2 2 4 6
46	7 17 8 3 3 2 2 3 2
47	9 2 16 9 3 3 2 6 2
48	8 2 6 9 8 3 3 1 4 2
49	7 3 6 4 3 10 3 4 2 1 2 1
50	4 5 5 4 3 15 4 1 1 5 1 1
51	2 8 4 8 11 4 4 1 1 6 1 1
52	9 3 8 11 4 4 2 1 6 1 2
53	9 23 5 4 1 4 1 1
54	7 5 5 11 4 2 5 1 1
55	5 4 5 4 8 4 2 11 1
56	4 6 8 3 7 7 6 2 2
57	3 5 5 2 5 6 2 5 2 1
58	35 5 2 2 4 2
59	1 3 7 3 2 3 2
60	32 1 8 2 1 7 3
61	32 7 5 1 3 8
62	2 24 2 2 3 3 2 2 3 3
63	2 25 3 2 5 1 2 3 2
64	31 1 2 1 5 2
65	33 2 2 2 2 2
66	11 2 1 2 2 2
67	11 8 1 2 2 1
68	21 1 1 2 2 1
69	16 1 2 1
70	9 1 2 1

C86 내일은 맑겠습니다~

난이도 ★★★★☆

70×70

Column clues (top to bottom)
12
2 7
2 7 4 4
2 8 4 4
2 8 4 4 4
2 8 4 4 4 4
2 9 4 4 4 4
2 9 4 4 4 4
2 7 2 4 1 1 4 4
2 6 4 3 4 1 1 4 1 1
2 5 5 4 4 1 1 1 1 1 1 3
2 5 5 4 1 1 1 1 1 1 1 1 4
2 5 6 5 1 1 1 1 1 1 1 1 4
2 5 6 7 1 1 2 4 1 2 9
2 5 6 9 1 1 4 2 3 5
2 4 17 4 5 9 4
2 4 18 6 13 4
2 3 19 14 7 4
2 3 20 13 7 4
2 3 36 7 2
8 18 11 5 7
26 10 6 6
7 18 10 13 1
6 19 10 13 2
6 20 3 1 5 9 2 3
5 19 4 2 13 2 4
5 18 5 10 3 2 4
5 18 5 11 3 2 5
5 18 6 11 4 1 4
6 16 19 6 5
6 16 20 6 5
7 11 3 29 6
7 10 3 9 4 1 9 1 7
6 11 2 8 3 2 8 1 8
6 10 1 3 4 2 9 1 8
6 10 4 4 2 11 1 8
6 9 3 4 3 3 6 1 8
5 10 2 2 7 4 4 8
4 11 1 3 7 4 2 8
4 10 8 6 3 4 3 7
4 9 4 7 4 2 4 4 6
4 8 4 2 6 4 4 6
4 8 4 1 2 3 4 4 6
4 7 4 2 1 3 5 6
3 6 4 1 1 3 5 7
2 6 2 1 3 6 6
2 6 3 1 3 6 6
3 4 3 2 6 3 3
4 3 7 3 3 11 2 3
4 3 15 8 5 5 4
5 2 7 11 3 4 4 4
5 1 4 2 6 1 6 1 4
7 3 1 1 6 3 6
7 3 3 3 3 1 5 3
7 4 2 1 8 3 7
7 5 2 1 1 3 4 2 6 4
6 6 2 1 2 1 1 2 5 5
6 6 1 1 1 1 1 7 1
6 9 4 3 1 1 1 1
6 8 7 1 1 2 1 2
6 9 7 3 3 1 1
6 7 7 1 3 2 6
5 19 6 2 7
5 14 8 6 7
5 14 4 6 11
5 5 1 3 13 8
5 4 1 2 10 8
4 6 3 10 8
4 5 2 9 8
4 7 8 8

Row clues (left to right)
70
70
1 25 23
1 24 2 22
1 18 4 17
25 8 12 10
23 4 2 19
22 8 18
17 26
15 28
10 29 7
9 34 11
5 34 13
35 4 9
32 3 9
30 2 8
24 3 6
19 5 9
18 4 2 1 1 3
17 2 1 3
20 3 2 4
23 3 3 5
24 1 4 2 8
20 3 4 10
17 9 7 9
16 19 5 9
8 10 6 5 8
4 9 6 5 2 3 2
11 27 1 1 2 2 1 1 1
6 1 21 2 1 2 3 1 1 1
6 1 6 9 3 1 7 5 1 1
11 5 8 2 2 1 1 2 1 2 2
9 6 3 1 1 9 1 2
10 1 5 4 2 1 1 1 1
12 8 1 3 1 1 1 2
26 1 2 1 3 2
27 2 2 3 1
18 4 4 1 7 1
5 8 6 3 1 10 1
12 3 9 14 1 2 4 1
6 1 15 1 7 1 1 2 3
6 1 17 13 1 2 1 4
12 20 6 2 2 7
11 6 6 1 10
10 10 1 1 2
3 20 2 1 2
2 18 1 1 1
25 1 1 2
21 9 1 1 4
6 9 14 2 2 5
6 17 6 1 1 5
24 1 6 1 1 5
11 12 1 2 5
7 1 2 5
3 1 5
4 1 5
6 2 5
12 11 2 3
7 1 12 1 1
7 1 12 1 2 1
12 6 1 2 1 3
6 2 2 6
9 6 1 3 6
10 9 5 1 1 1 8
9 19 4 1 11
5 4 19 1 5 9
25 4 1 9
31 1 8
29 1 6
3 13 7 1 4

C87 캠핑하면 빠질 수 없죠!

난이도 ★★★★☆

70×70

Column	Clues
1	3 4 5 1 5 8
2	4 5 5 1 6 15
3	10 6 1 4 3 8 2
4	28 7 11 2
5	31 20 3 2
6	31 15 4 3
7	18 3 5 14 3 3
8	16 3 4 1 11 6 2 3
9	3 4 8 5 1 8 2 3 2 2
10	1 3 6 3 2 6 2 12
11	1 7 3 3 1 12
12	1 2 4 4 2 3 1 1
13	1 2 6 8 1 5 1 7
14	3 3 7 11 3 4 2 2
15	15 5 5 2 2 3 2 1
16	15 6 5 2 1 1 1 1
17	11 8 6 4 1 1 1
18	2 5 6 1 2 2 2 3 1
19	1 3 5 1 2 1 5 6 2
20	3 5 2 1 1 3 1 1 3 4 3
21	4 5 2 2 5 2 1 6
22	5 4 2 1 1 4 1 7
23	5 2 4 2 1 7 1 12
24	6 3 2 2 2 1 1 5 6
25	7 9 4 4 1 4
26	8 3 10 1 1 4
27	8 5 6 1 3 4
28	10 6 6 5 1 2
29	11 5 15 5 2 3
30	13 4 5 3 16 1 3
31	23 6 22 1 3
32	27 25 3
33	21 1 3 9 9 3
34	17 12 12
35	16 10 4 5
36	15 7 5 4 3 4
37	13 3 8 3 4 4
38	12 4 10 4 2 5
39	11 9 5 3 1 8
40	10 12 7 3 4 3
41	9 14 2 5 5 1 3
42	9 16 11 4 5 2
43	8 17 12 2 2 3 3
44	8 17 4 3 3 2 6
45	8 17 4 4 4 5
46	8 18 4 2 7 6 4
47	8 18 6 3 13 5
48	8 18 5 13 11
49	8 18 19 11
50	7 18 5 2 1 11
51	8 17 5 1 1 11
52	7 19 5 1 1 12
53	7 12 4 3 2 14
54	7 11 3 5 5 8 10
55	7 10 2 2 2 1 3 10
56	7 7 2 2 2 2 3 2 6
57	6 5 2 10 3 12 6
58	5 3 2 2 13 3 1 6
59	6 1 2 1 10 2 1 7
60	7 1 2 2 8 1 1 7
61	8 1 6 5 2 1 1 1 8
62	9 2 2 3 5 10 6
63	5 4 2 2 2 1 1 2 6
64	2 2 5 6 3 5 2 3 6
65	3 4 8 1 10 1 1 3 5
66	21 7 1 4 5
67	24 5 10 4
68	25 24 4
69	20 7 14 5 5
70	2 3 4 5 5 7 5

Row	Clues
1	2 1 20
2	2 2 24
3	4 3 28 1
4	4 4 31 2
5	5 5 32 3
6	7 7 35 4
7	9 3 37 5
8	9 5 38 7
9	10 30 8 7
10	6 29 6 4
11	8 5 12 5 5
12	9 5 10 6 6
13	10 4 8 4 7
14	11 4 6 4 7
15	2 5 5 6 5 5 4
16	1 7 4 5 8 4 6
17	8 2 4 12 11
18	13 3 14 10
19	13 3 14 10
20	12 3 16 1 6
21	6 5 3 16 1 7
22	2 3 3 3 18 2 6
23	1 3 2 1 3 18 1 6
24	3 1 2 1 1 19 1 5
25	5 1 2 1 20 8
26	7 2 6 1 1 24 1 2
27	4 1 10 1 2 17 3 1
28	3 1 12 1 1 15 3 2
29	4 1 10 2 2 1 14 5 2 1
30	4 2 9 2 1 1 15 7 2 2
31	1 2 1 6 2 1 1 15 1 2 1 2
32	2 1 3 2 3 4 1 2 18 2 1 2 2
33	2 2 3 1 2 3 1 1 7 2 1 1 2 2 2
34	2 1 4 1 1 2 1 3 1 2 2 2
35	2 1 5 4 1 1 1 2 3 1 3
36	2 1 5 2 2 1 2 2 2 2 5
37	2 4 5 2 1 1 7 5
38	8 4 2 1 2 4 2 2
39	3 2 2 1 1 1 9 6 4
40	9 1 4 1 1 19 6 4
41	8 2 1 3 24 5 1 3
42	7 1 4 8 7 11 1 5 2 3
43	7 2 2 12 7 6 1 4 1 3
44	7 2 1 1 5 13 2 1 1 4 1 3
45	8 1 1 13 4 1 1 1 3 2 3
46	5 1 1 1 7 5 5 2 4 7 2
47	5 2 2 2 11 2 13 3 2 2
48	4 1 3 2 1 10 9 1 1 3
49	4 2 5 10 2 5 2 1 6
50	4 1 5 10 2 2 2 2 2 7 3
51	4 2 1 1 5 2 2 1 4 6 4
52	4 2 1 2 5 1 2 4 4 5
53	5 6 16 3 4 1 2 5
54	4 2 6 7 3 2 3 1 1 7
55	4 2 2 5 3 3 3 1 1 4 2
56	5 1 1 1 4 3 3 3 1 1 1 2
57	7 4 4 1 1 1 1 9 1 1 2
58	8 2 4 4 1 1 3 1 1 1 2
59	3 6 1 6 5 2 1 3 2 1 1 2
60	3 8 6 5 2 12 1 1 2
61	1 2 2 1 1 2 1 12 12 6 2
62	2 1 3 1 2 2 2 7 1 1 13 1 2
63	2 2 4 2 1 3 1 5 2 2 10 2
64	2 3 2 1 1 2 1 7 2 2 8 3
65	2 3 2 1 2 2 4 3 1 2 17
66	5 2 2 7 2 1 3 2 2 20 2
67	4 1 2 3 3 2 1 6 27
68	2 4 1 1 2 15 28
69	2 3 2 2 43
70	2 6 42

C88 기타와 비슷하지만 크기가 작아요

난이도 ★★★★☆

70×70

열	힌트
1	18 1 3 7 8
2	18 2 3 3 10 7 5
3	16 2 6 1 2 3 12
4	8 5 2 3 1 1 2 1 4 5
5	6 1 5 1 5 2 2 4 5
6	4 6 1 3 1 1 4 11 4
7	3 2 5 1 7 3 13
8	2 3 8 2 3 3 3 11
9	1 14 3 2 4 5 10
10	16 5 2 4 9 7
11	16 2 2 3 17 7
12	3 15 3 2 4 4 19
13	3 1 17 3 1 6 3 12 3
14	2 2 20 1 1 6 2 11 3
15	3 23 1 4 2 9 2
16	2 1 4 16 4 1 4 9
17	2 1 3 1 3 3 2 1 3 7 8
18	7 1 2 1 2 1 2 3 9 7
19	4 1 1 1 1 1 3 1 1 1 5 9 7
20	3 1 2 2 1 1 1 1 3 8 11 2 3
21	3 1 2 2 2 3 1 2 8 10 2 1
22	2 3 7 1 2 1 2 10 8 3
23	3 4 9 1 3 1 6 7 6 3
24	4 1 1 10 4 4 2 1 10 8
25	4 1 1 18 1 2 2 12 6
26	29 2 2 1 13 6
27	25 2 1 8 13 2 2
28	4 4 5 4 1 2 2 3 11 3 1
29	3 3 2 5 1 4 9 3
30	3 3 4 3 4 7 9 2
31	2 4 1 5 2 2 2 3 3 11
32	2 4 1 12 3 1 1 1 7 4 9
33	2 3 3 1 2 2 2 1 1 1 1 9 10 2
34	2 3 6 1 2 2 1 2 1 9 9 1
35	13 1 2 2 2 4 2 9 7
36	10 1 2 2 6 6 9 7
37	9 5 1 2 1 2 1 9 6
38	17 1 2 7 9 3 1
39	18 1 1 1 2 7 6 2
40	8 5 1 1 1 8 2 6 5 6 1
41	3 3 1 2 2 5 3 2 12
42	4 3 1 3 4 1 2 2 4 9
43	5 5 1 7 1 1 2 5 14
44	5 3 4 5 3 6 4 4 7
45	2 3 8 4 5 3 2 9
46	2 3 13 5 3 4 11
47	2 14 6 1 1 1 2 4 10
48	1 16 2 3 1 3 1 1 2 5 13 2
49	6 13 1 2 3 1 3 4 17
50	8 14 2 2 4 6 5 8
51	7 9 3 1 5 7 4 8
52	6 2 4 2 1 1 4 8 3 8 1
53	6 2 1 2 6 6 2 12
54	5 1 1 1 1 5 7 2 14
55	4 3 1 1 2 13 8 4
56	3 4 1 1 1 2 9 2 7 6
57	3 2 1 4 4 1 7 2 6 7
58	3 2 6 2 2 2 1 3 2 5 7
59	4 1 11 3 1 2 6 8 1
60	20 4 2 2 6 10 3
61	17 4 1 2 14
62	1 12 7 5 2 6 5
63	2 2 9 4 4 2 4 3 6 7
64	2 2 1 3 4 4 2 2 8 9
65	2 3 3 1 3 2 2 1 2 5 12
66	2 3 3 1 2 2 1 1 1 5 14
67	5 2 1 4 2 2 1 19 2
68	9 4 10 1 1 3 17 1
69	9 8 4 5 2 6 7
70	17 6 10 4

행	힌트
1	2 4 11 6 2 2
2	2 4 15 10 4 6
3	7 3 1 4 5 1 13 8
4	6 4 2 5 13 3 3 4
5	5 2 1 3 4 15 6 6
6	5 3 2 1 3 10 4 11 7
7	5 4 1 5 5 3 8 2 14 4 3
8	4 5 4 2 2 10 1 8 4 1 3
9	4 13 6 1 7 4 8 3 5
10	4 9 1 3 4 3 2 7 3 3 1
11	3 8 1 3 3 3 2 6 3 2 2
12	3 8 2 4 2 3 1 9 6 1 2
13	3 9 4 3 2 3 3 1 2 2 3 2
14	4 10 3 4 4 3 1 4 2
15	4 9 6 3 4 2 4 3
16	4 12 7 3 5 4 5 3
17	4 11 12 3 8 2 6 3
18	16 33 14
19	5 5 9 20
20	6 5 6 7 9 8
21	6 6 6 10 8 8 3
22	2 5 6 2 9 4 7
23	1 5 6 10 5 4 3 1 3
24	5 4 4 8 4 5 3 6
25	4 4 8 1 3 4 3 2 1 2
26	4 1 8 6 1 2 2 1 4 2
27	1 1 5 4 1 1 3 1 3 8
28	1 2 2 7 3 2 1 3 4 1 2 11 1
29	2 8 2 2 3 1 2 2 5 6 6 1
30	1 5 5 2 11 1 2 3 5 2
31	2 5 2 4 3 3 1 6 2 1 3 1
32	1 5 4 3 4 2 2 2 1 1 3 1
33	1 3 10 4 2 2 3 1
34	1 5 6 4 1 2 3 4 4 2
35	1 3 2 3 5 2 2 1 8 6 2 1
36	1 4 2 5 9 1 1 3 6 6 1
37	2 4 5 5 1 1 3 1 1 3 6 3 3 1
38	7 5 6 1 2 1 2 1 3 2 1
39	1 3 8 4 2 4 1 2 5 4 3 2
40	1 1 2 5 4 5 2 2 1 5 1 6
41	1 4 2 5 1 6 4 4 7 2
42	1 1 2 4 4 1 4 2 6 1
43	1 2 9 1 2 6 6 2
44	1 12 2 1 5 5 6
45	1 11 3 1 1 2 13 2 3
46	2 5 1 4 1 7 1 2 10 1 3
47	1 2 5 2 3 2 7 2 5 1 1 1 3
48	2 8 2 4 1 7 2 7 1 1 2 2
49	3 5 1 2 4 1 8 11 1 2 2 2 2
50	4 2 1 3 4 1 9 9 2 2 1 1 2
51	3 2 3 4 4 1 10 6 2 3 2 2 1
52	2 2 4 4 4 1 10 2 2 4 2 2 1
53	2 1 4 4 4 2 8 2 1 3 4 3 2 1
54	2 1 5 4 5 1 8 1 2 3 5 3 2 1
55	2 1 5 4 4 2 1 1 4 5 4 2
56	1 1 6 4 4 1 2 1 3 4 4 3
57	1 1 5 4 5 1 1 2 4 5 4 3
58	1 2 5 4 5 2 1 1 4 5 5 4
59	2 2 6 3 5 1 1 1 4 6 5 4
60	2 4 6 4 6 2 2 1 4 5 6 5
61	2 5 6 4 5 2 4 10 5 6
62	2 6 6 4 9 4 10 6 7
63	2 14 4 9 4 10 6 7
64	2 14 4 10 30
65	2 15 4 10 30
66	3 6 9 5 10 11 5 11
67	10 5 9 16 3 4 6 3
68	11 5 5 5 4 5 2 3 3 4 2
69	5 5 4 5 5 3 4 2 2 4 1
70	5 2 3 3 4 3 2 2

C89 조용히!

난이도 ★★★★☆

75×75

C90 하나~ 둘~

난이도 ★★★★☆

75×75

C91 빠르고 정확하게 스매시!

난이도 ★★★★☆

75×75

C92 옷을 만들어요

난이도 ★★★★☆

75×75

C93 활을 쏘며 동물을 사냥해요

난이도 ★★★★☆

75×75

C94 모래 위에서 사람을 넘어뜨려요

난이도 ★★★★★

75×75

C95 '킬트'와 '백파이프'로 유명한 나라예요

난이도 ★★★★☆

70×80

Column clues (top to bottom)

Column	Clues
1	4 2 54
2	1 2 2 3 1 5 1 1
3	1 2 2 3 9 2 1 1 1 4 2
4	1 2 2 3 1 1 1 1 2 4 1 1 1 12
5	1 2 2 10 2 3 1 5 1 1 2
6	2 8 10 2 1 1 1 2
7	3 3 2 2 1 1 2 4 1 5 1 2
8	3 9 2 5 1 1 12
9	3 1 1 1 1 4 2
10	3 56
11	2 11 3
12	2 8 6 9 3
13	2 2 1 4 18 3
14	2 7 1 1 2 3 7 3 4 3
15	2 1 2 7 2 16 11 3
16	2 6 3 14 1 3 9 2
17	2 7 1 1 16 1 5 1 2
18	3 5 2 1 2 13 1 2 5 6 2
19	9 9 1 3 1 12 2 3 9 2
20	9 8 4 1 5 1 11 5 12 2
21	8 3 3 11 7 2 5 3 13 2
22	5 1 3 7 5 3 9 2 6 13 3
23	2 23 4 2 1 5 5 2 2 16 1
24	5 6 3 1 15 3 2 3 4 2 3 5 6 1
25	4 3 5 1 1 1 1 3 2 3 2 5 1 4 3 5 1
26	2 4 12 1 1 2 2 3 3 2 5 5 2 1 4 1
27	1 4 3 4 1 1 3 6 1 5 1 13 1 2 3 2
28	4 9 1 1 1 5 1 6 8 6 3 3 1 2 1 1 3
29	1 1 10 1 1 1 1 3 1 5 7 2 1 2 2 2 1 4 1
30	1 18 1 6 3 5 5 3 4 1 1 4 1 1
31	9 3 1 1 1 1 11 2 5 11 2 1 8
32	8 4 1 1 1 1 1 1 10 3 3 1 5 1 2 1 1 1 1 1
33	13 1 1 1 1 1 10 2 2 6 1 1 1 4 10
34	4 15 1 1 1 6 6 10 1 1 1 13
35	1 4 6 1 2 1 1 1 2 2 3 5 10 1 1 1 5 1
36	9 3 2 1 2 1 2 3 5 8 1 1 1 1 1 1
37	3 9 1 1 5 2 3 2 3 3 8 1 6 1
38	8 16 3 2 2 2 2 9 1 13
39	3 8 2 1 4 8 3 2 2 11 2 1 8
40	5 3 2 1 2 2 6 12 10 1 7 5
41	4 5 2 1 3 2 1 12 10 3 2 1 4 1
42	3 20 3 12 10 4 8 5
43	2 7 10 2 1 1 3 9 11 5 1
44	1 3 14 4 1 5 9 5 9 6
45	1 10 2 4 7 7 7 8 3
46	2 2 2 3 9 2 6 1 7 11 3
47	3 2 7 2 2 6 3 6 2 19 2
48	2 2 2 1 2 1 5 5 4 1 8 1 11 1
49	6 7 2 3 4 5 1 1 3 2 2 2 11 1
50	1 2 3 6 8 5 3 2 2 2 11 1
51	4 4 2 12 4 5 5 4 3 11 1
52	2 2 2 2 8 1 3 6 6 3 2 11 2
53	1 2 2 6 10 2 2 5 7 1 3 11 2
54	3 2 3 2 10 8 3 9 11 3
55	4 2 2 2 9 9 2 15 5 1
56	1 2 2 6 5 1 4 2 2 13 3
57	2 3 2 5 5 1 2 2 16
58	1 2 2 2 1 2 3 1 2 14
59	1 2 2 4 3 7 15
60	1 2 2 2 5 22
61	4 2 3 7 3 5 11 9
62	3 2 1 2 1 2 5 7 3
63	4 2 2 6 8 2
64	1 2 3 6 15
65	1 2 2 5 6 1 1 2
66	1 2 2 6 16 11 1 2
67	1 2 2 2 1 16 11 1 2
68	1 2 2 2 1 1 3 7 1 1 2
69	4 2 2 6 2 1 7 15
70	4 2 2 4 2

Row clues (left to right)

Row	Clues
1	9 7
2	5 4 3 4 5 1 2
3	5 12 2 2 3 3 2
4	4 2 11 1 2 1 4 3 2
5	2 4 5 2 3 6 2 2 2 1
6	4 13 2 4 1 2
7	4 10 6 1 1 3 14
8	2 4 16 1 2 1 17
9	7 5 7 3 1 2 6
10	3 2 5 4 1 2 2 1 1 3
11	10 2 18 7 8 7
12	16 15 18 8
13	2 3 18 2 2 4 4
14	1 5 6 1 6 1
15	2 2 4 5 7 1 3 1 3 3 2 2
16	6 2 1 1 2 1 8 1 4 1 1 3 5 3 4
17	1 2 2 1 1 3 3 1 6 5 1 1 1 1 2 1 1 1 1
18	5 1 2 1 1 1 4 5 5 2 1 1 1 1 2 1 1 1 1
19	7 2 1 1 9 5 3 1 1 1 1 1 2 1 1 1 1
20	1 2 3 5 5 5 3 1 1 1 1 4 1 1 1 1
21	4 1 2 3 2 5 4 1 1 3 3 2 3 4
22	4 1 2 2 3 6 3 3 1
23	1 2 9 5 6 7 5 1
24	3 1 3 2 2 3 4 14
25	5 2 1 8 4 1 3 8
26	3 3 1 6 1 1 2 7 3
27	3 4 3 8 1 3 4 5 2 2
28	2 3 2 1 2 5 3 2 1 4 5 2 1
29	1 2 1 1 1 3 1 2 1 4 8 1
30	1 4 1 1 1 1 1 3 5 3 2 4 6 1
31	1 1 4 1 1 1 1 1 3 3 3 2 4 7
32	1 1 2 1 1 1 1 1 1 4 4 7 4 6
33	1 6 1 4 5 2 2 3 3 2 2 4 7
34	1 1 4 1 1 2 6 1 2 1 4 5 2
35	1 1 2 1 1 1 7 9 5 5 2
36	1 6 1 3 3 12 2 5 2
37	1 1 2 1 1 5 7 3 2 2 1 7 2
38	1 1 2 1 1 4 3 5 11 1 2 3 2
39	1 6 1 5 1 7 5 6 3 1 2
40	1 1 5 3 7 6 13 1 2
41	1 1 6 4 3 6 9 1 7 3
42	1 6 1 2 4 2 3 4 4 4 3 3 2 1
43	10 5 4 3 2 12 4 2 1 1
44	1 1 2 2 8 1 2 2 7 8 4
45	3 3 1 4 10 7 6 5 4 4
46	2 1 1 1 7 3 5 4 2 6 1 2 4
47	2 1 1 1 8 2 3 6 4 4 3 2 5
48	2 1 1 1 9 6 5 6 1 5 2 2 1
49	4 3 12 6 2 9 9 2 2 1
50	1 2 1 6 4 5 11 11 2 1
51	1 1 1 1 7 4 2 2 15 4 5 2 1
52	1 1 1 1 7 6 2 18 8 2 1
53	1 3 1 7 2 4 1 17 12 4
54	1 1 10 5 16 14 2
55	1 1 9 7 13 15
56	1 1 5 3 2 2 2 10 3 14
57	1 1 11 1 1 8 3 2 12
58	10 1 3 2 3 3 6 6 3 11
59	1 1 3 4 1 9 2 13 10
60	1 1 16 9 8 2 8
61	1 2 2 1 3 8 2 7 3 7
62	1 1 1 1 2 2 7 4 7 1 8 6
63	1 1 1 1 2 2 2 3 2 5 2 5 1 4 1
64	1 1 1 1 2 2 5 16 2 3 3 3 1
65	1 3 4 2 1 2 7 2 2 1 5 1 1
66	1 1 2 4 6 6 3 6 2 1 6
67	1 1 2 3 6 2 2 9 3 1 1 1
68	1 1 2 3 5 3 10 11 1 1 1
69	1 5 1 5 5 5 2 1 1 11 1 1 1
70	1 1 1 1 4 6 3 2 6 11 2 1 1
71	1 1 1 1 4 6 8 2 1 1 11 1 1 1
72	1 1 1 1 3 6 2 3 2 1 2 11 1 1 1
73	1 2 1 1 2 7 8 7 11 1 2 1
74	1 1 1 1 10 2 2 2 1 1 11 1 1 1
75	1 1 1 1 22 1 2 10 1 1 1
76	1 1 1 1 8 3 2 7 11 1 1 1
77	1 1 1 1 5 1 1 2 3 1 2 7 1 1 1 1
78	1 1 1 6 5 7 3 1 3 4 3 2 1 1
79	1 20 2 1 2 10 3 9
80	34 3 1 1 9 9

C96 + C97 여름에 아이들이 이 장난감을 가지고 놀아요

70×80

Column clues (top to bottom)

Column	Clues
1	10 5 2 3 7 2
2	15 2 3 5 6 7 5
3	24 12 19 3 2
4	19 12 6 9 2
5	21 11 6 6
6	24 11 7 5
7	11 8 1 11 7 2 2
8	8 2 2 1 6 11 2 2
9	4 2 1 1 4 1 9 2 3
10	2 1 3 2 10 1 4
11	4 5 2 3 2 10 6 1 4
12	4 8 2 2 2 11 12 5
13	10 2 1 2 2 12 2 4 8
14	9 1 1 3 2 16 12
15	12 3 1 3 2 1 14 7 3
16	13 4 2 1 2 4 14 7
17	11 3 2 2 1 6 13 7
18	9 2 1 2 1 7 12 8
19	10 3 2 2 9 11 7
20	9 2 2 1 8 11 8
21	9 5 1 2 8 11 8
22	8 5 1 1 3 1 7 12 8
23	9 3 3 1 5 1 2 6 12 5 2
24	7 1 4 1 5 1 3 4 13 8
25	6 2 4 1 5 3 1 3 14 8
26	9 2 1 3 1 5 3 1 4 14 6 1
27	8 3 1 1 5 4 1 3 1 15 6
28	7 1 2 2 10 5 1 15 5 2
29	6 1 3 2 10 2 1 1 11 10 6
30	4 1 1 1 1 9 1 1 1 11 3 9 3
31	6 1 1 2 10 1 1 1 1 10 1 2
32	6 16 3 1 15 2
33	8 5 5 3 3 1 1 1 7 2
34	1 16 4 2 2 2 1 1 5 4
35	1 11 1 4 2 1 1 1 4 4 5
36	2 7 13 2 1 2 2 2 2 4 6
37	4 3 14 2 3 1 7 3 4 3 2
38	3 14 2 2 2 7 4 6 4 2
39	2 14 2 2 1 5 4 9 3 2
40	2 13 2 2 7 9 5 1 2
41	2 1 4 6 7 4 5 2 2
42	2 1 4 3 1 7 5 1 2
43	2 1 4 3 2 1 6 5 1 3
44	3 1 4 3 1 4 3 6 3
45	4 1 13 3 1 7 6
46	10 14 3 1 8 3 2
47	9 14 3 1 2 6 6 1
48	8 18 2 10 6 2
49	8 16 1 10 5 2
50	8 1 3 2 1 2 7 8
51	9 1 3 4 1 10 8
52	11 2 7 2 10 8
53	13 2 5 1 1 8 8
54	10 12 2 10 8
55	9 1 2 1 6 2 5 2
56	9 1 4 1 2 5 7 1
57	8 1 1 2 8 7 1
58	8 1 5 2 9 7 1
59	8 1 1 2 1 7 7 1
60	8 1 6 5 4 7 1 1
61	9 4 11 8 1 1
62	9 4 1 9 8 1 1
63	10 2 2 11 8 2 1
64	11 1 2 11 11 1
65	12 2 3 3 5 12 1
66	8 1 2 2 9 4 7 1
67	7 2 1 2 2 7 10 1 1
68	6 3 1 2 1 4 9 13
69	6 1 1 4 2 2 2 8 13
70	6 3 8 5 5 6 6

Row clues (left to right)

Row	Clues
1	2 3 11 37
2	2 4 18 35
3	2 3 22 2 27
4	2 4 23 1 26
5	2 3 25 25
6	3 3 19 5 25
7	3 4 14 3 5 22
8	3 4 1 11 3 4 21
9	3 3 10 4 3 4 2 6 5
10	7 9 5 2 3 3
11	6 7 3 3 4 2 2
12	6 3 3 5 1 2 4 1 1
13	5 2 2 1 3 6 3 1
14	5 2 1 1 3 1 3
15	5 1 2 2 3
16	4 2 1 2 3 3
17	4 4 6 20 3
18	5 2 4 3 5 5 2 1 1
19	5 2 4 2 5 5 2 3
20	5 7 2 2 5 5 1
21	5 2 4 5 5 5 1 3
22	5 3 11 1 5 5 1 3 1
23	7 1 5 5 1 3 3
24	6 11 5 5 11 4
25	5 13 5 5 3 2 1
26	4 37 2 1 3
27	6 35 6 2 2
28	2 3 2 32 1 1 1 2 2 1
29	2 2 2 5 15 1 1 1 1 1 2 3
30	2 5 3 6 2 1 1 1 1 1 3
31	1 5 13 3 2 1 4
32	1 9 27 2 2
33	1 3 7 18 2 2
34	2 2 6 1 2
35	1 15 1 4
36	3 2 3 2 1 3
37	14 2 3 2 4 5
38	17 3 3 2 6 5 2
39	7 3 10 2 5 4 4 3
40	7 10 3 5 5 9 1
41	6 20 5 25
42	7 9 1 6 6 5 8 5
43	6 9 1 3 7 12 9
44	6 8 1 36
45	9 8 1 1 7 10 15
46	8 1 5 39
47	13 3 32 3
48	7 17 3 12 4 2
49	27 4
50	29
51	32
52	35
53	37
54	38
55	32 4
56	5 21 3
57	4 19 2
58	3 17 2
59	3 5 7 1
60	2 4 5 2 1
61	1 1 3 6 1
62	1 4 4 2
63	1 2 1 1
64	1 1 1 1
65	3 7 1 2
66	3 19 11
67	4 20 18 3
68	4 20 33
69	4 2 17 8 24
70	4 20 34
71	4 12 4 1 1 22 4
72	1 3 8 1 1 5 15
73	1 3 7 1 2 23
74	2 3 1 2 23
75	3 8 2 6 10
76	2 5 3 1 5 4 7
77	1 3 4 1 4 1 7 3
78	2 2 4 3 3 2 8
79	12 16 3
80	10 15 15

난이도 ★★★★☆

70×80

4 2 3 9 4 7
5 4 4 4 5 3 9
6 2 4 4 10 7 2 2
7 1 2 3 1 9 11 2
9 2 1 3 2 3 3 10 1
10 2 1 1 2 6 10 1
8 2 3 8 6 3 1
7 2 2 5 3 10 1
6 4 1 9 12 1
6 3 11 12 2
6 1 1 12 15
6 5 4 7 5 4 3
6 2 2 9 1 2 3 3
7 2 2 12 4 3 2
8 4 7 2 8 4 2 2
10 2 2 8 3 5 5 2 2
12 2 10 10 4 1 1
10 1 10 2 7 4 1 1
9 1 9 10 4 1
9 8 7 3 5 4 1
8 10 2 5 3 4 1
8 19 2 6 4
8 1 9 2 8 3
9 1 9 3 8 3 3
9 1 9 1 1 2 5 3 4
10 1 9 2 3 5 1 1 1 1 3
12 1 9 1 1 1 7 3 2 2
14 1 12 2 2 5 3 3 2
11 1 15 2 2 3 7
9 14 11 1 3 2 5
8 10 1 9 1 1 3 2 5
8 14 9 1 1 3 2 3
8 1 6 1 1 4 1 1 3 3 2
10 2 5 1 1 1 4 2 1 5 3
5 2 2 5 1 1 3 1 1 4 3
3 4 1 1 1 1 1 2 3 1
3 2 1 1 1 3 6 1
2 2 1 2 1 4 2 3 1
2 1 1 1 1 4 2 2 1
2 3 1 2 1 4 2 1
2 3 3 1 1 2 2 3 1
2 5 10 2 1 2 2 4 2
2 7 1 10 1 1 2 3 5 2
16 10 3 1 2 2 6 2
6 1 1 3 7 1 1 2 13 2
7 1 4 2 8 11 3 8 2
9 4 2 8 10 2 6 1
10 1 1 9 10 3 4
10 2 1 2 9 10 2 3
7 2 3 3 1 9 9 3 2
6 1 4 1 9 9 3 2 3
6 2 1 4 1 2 5 9 1 1 2 6
7 1 4 3 4 4 9 1 1 2 3 3
7 1 4 1 2 4 9 1 2 7 2
8 1 1 2 4 9 2 3 2 3 3
8 1 3 2 3 10 2 4 5 1
9 1 2 3 10 2 2 3 5 1
11 2 3 11 3 2 5 3 1
13 3 11 7 6 3 1
12 4 14 6 4 2 3 2
9 13 12 3 2 4 5 2
9 4 7 13 2 2 4 5 1 2
2 8 4 8 19 3 4 4 1 3
2 12 19 1 10 3 2 1 3
3 13 14 1 3 5
5 13 11 4 4 1 5
21 2 6 5 4 1 6
21 2 2 2 5 2 7
12 9 6 5 10
7 7 6 16

43 12
43 16 5
37 25
35 19 5
34 21 4
32 23 5
5 21 9 12 4
3 20 3 4 11 4
2 5 7 1 3 4 14
1 3 4 1 3 5 13
1 3 4 5 13
1 2 1 2 8
1 6 1 5 2 6
1 1 2 1 2 2 1 6
1 2 2 2 1 7
1 2 1 2 7
1 8
2 3 2 6 3 5
18 1 4 1 2 6
2 3 3 2 2 4 2 1 6
2 3 3 2 2 2 2 1 5
1 3 3 1 3 3 1 4
1 3 3 1 7 1 3
2 3 3 2 1 2 2
3 3 3 5 2 1 4 4
2 2 18 6 6 3
2 2 5 15 7 8
3 2 9 9 6 8 10
3 13 9 4 2 8 14
4 2 1 6 9 2 1 3 17 6
3 12 15 17 5
2 2 2 9 8 16 5
2 2 2 18 13 4
4 1 20 11 4
2 2 1 5 3 4
1 2 2 10 3 5
3 4 4 4 6
4 1 7 3 6
2 7 4 21 8
4 1 3 8 1 6 6 9
5 8 2 4 10 3 19
11 7 5 3 3 19 2
1 13 5 5 5 3 19 4
4 19 3 5 18 5
7 12 7 18 2 2
29 18 5
70
4 13 5 2 18
7 6 15 2
2 2 2
2 2 2
2 4 4
2 4 3
2 10 1
2 3 4 1
1 1 3 1
5 2 3 2
7 2 2
2 3 2 2 2
2 1 2 4
2 1 7
2 2 6
2 3 1
2 4 8
20 6 14
17 9 8 14
9 22 10 13
21 1 12 2 5
16 2 6 2 2 2 3
12 1 2 2 5 1
1 9 2 2 2 4 3
11 2 2 2 3 5
5 9 2 2 2 3 2
18 2 1 6 3 3
2 11 3 2 9 4
12 7 5 2 6 9
4 3 2 5 6 3 3 6
2 3 3 9 7 8
4 7 11 6 4 11
21 6 11 16

C98 멋진 자동차들이 한자리에!

난이도 ★★★★☆ (4.5)

70×80

Column clues (left to right, top to bottom)

No.	Clue
1	5
2	2 3
3	2 3
4	1 2
5	2 1 2
6	1 1 2
7	5 2 2 2
8	2 2 1 6 2
9	2 2 11 3
10	2 2 14 3 3
11	2 2 2 16 10
12	3 2 2 19 4
13	2 4 2 21 5
14	2 2 2 2 23 7
15	1 2 2 1 21 5
16	5 2 5 2 1 22 4 1
17	11 2 11 1 2 25 4 2
18	3 1 2 2 13 1 1 30 2 2
19	3 1 2 2 4 8 1 1 32 4
20	2 3 2 3 10 1 33 3 2
21	2 3 1 3 52 2
22	2 1 1 2 4 38 3
23	3 1 2 1 2 37 3
24	4 1 2 3 36 3
25	6 1 3 33 12
26	7 4 34 9 6
27	16 33 4
28	17 33 8
29	16 55
30	61 13
31	51 9 9
32	15 5 14 7 8
33	3 6 5 11 7 7 8
34	1 7 7 8 2 5 7
35	1 6 3 2 2 3 2 1 3 7
36	2 4 7 1 2 2 2 1 4 6
37	2 5 1 2 6 2 1 4 6
38	12 4 1 2 3 2 1 4 6
39	5 3 1 1 3 2 1 1 3 5
40	5 3 1 3 2 2 1 1 3 5
41	10 1 2 1 3 2 2 1 1 3 5
42	14 6 2 3 3 1 1 1 3 4
43	15 2 2 1 3 3 1 1 3 3
44	17 6 1 2 4 3 1 3 1
45	20 4 1 4 2 2 1 3 1
46	11 7 1 1 2 4 3 1
47	10 6 3 2 3 3 1
48	7 5 4 2 2 2 3 1
49	5 1 6 6 3 2 2 5 1
50	5 2 14 2 2 3 5 1
51	2 1 2 14 1 4 4 1
52	2 1 2 15 2 2 2 4 1
53	2 1 2 15 3 2 2 4 3 1
54	2 1 2 15 2 4 5 8 1
55	2 1 2 15 2 12 3 4 1
56	1 1 2 15 2 9 2 1 1 4 1
57	1 1 2 15 2 2 2 1 1 2 1 1 1 2 1
58	1 1 2 15 2 3 1 1 4 1 1 1 2 1
59	1 1 2 15 2 3 1 2 3 1 1 1 2 1
60	1 1 2 15 2 3 2 1 3 1 1 1 2 1
61	1 1 2 15 2 3 1 2 2 1 1 1 2 1
62	1 1 1 2 15 2 3 2 1 2 1 1 1 2 1
63	1 2 1 2 15 2 4 1 1 2 1 1 1 2 1
64	1 2 1 2 14 2 2 1 1 4 1 1 1 2 1
65	6 2 7 5 2 2 1 2 3 1 1 1 2 1
66	6 2 4 2 2 2 1 3 1 1 1 2 1
67	6 2 2 2 3 1 1 3 1 1 1 2 1
68	6 2 2 2 3 1 2 2 1 1 1 2 1
69	6 2 2 2 3 2 1 2 1 1 1 2 1
70	6 2 2 2 4 1 1 2 1 1 1 2 1

Row clues (top to bottom, left to right)

No.	Clue
1	10
2	14
3	3 8
4	3 8
5	2 7
6	4 10
7	2 7
8	4 4 6
9	4 2 7
10	1 1 7
11	1 2 8
12	2 3 7
13	2 2 8
14	2 10
15	6 7 17
16	3 7 4 6
17	2 9 4 8
18	6 4 2 3 9
19	6 5 2 3 6
20	3 3 4 1 24
21	2 2 5 1 4
22	2 2 6 1 4 20
23	1 4 8 1 3 21
24	2 6 9 1 1 6
25	2 6 9 1 1 4
26	2 18 1 4
27	2 19 1 4 12
28	2 21 1 4 15
29	1 1 2 16 1 1 5 16
30	1 3 16 1 2 4 17
31	1 2 1 12 1 1 4 17
32	2 2 16 1 1 5 17
33	2 3 11 1 1 4 17
34	2 1 15 2 2 4 17
35	2 11 1 6 17
36	2 14 1 6 15
37	3 15 1 6 17
38	20 1 7 19
39	15 2 6 19
40	17 1 30
41	17 1 30
42	20 2 9
43	23 1 3 3
44	25 1 2 3
45	28 2 2 2
46	3 29 2 2
47	3 28 1 2 2 2
48	2 28 2 1 2 2
49	2 27 1 3 1 2 4
50	1 26 1 1 1 4 19
51	1 25 3 5 18
52	1 27 2 2
53	2 25 5
54	1 20 3 2 6 8
55	2 18 3 3 6 18
56	1 15 4 4 3 3 13
57	2 15 4 2 15 4 3 4
58	2 14 5 2 2 6 2 6 4 1
59	2 13 6 3 1 4 1 2 2 3 4
60	2 12 1 4 1 1 2 3 5 4 2
61	2 11 1 4 5 3 2 3 3 4
62	2 10 1 4 15 5 4 3
63	1 2 7 1 1 1 12 3 3 4
64	2 2 5 1 1 2 18
65	1 2 4 1 1 11 17
66	2 3 3 1 1 14
67	1 4 3 2 2 2 4 18
68	1 5 2 1 2 16 4
69	1 1 2 1 1 2 3 3 19
70	1 2 1 1 2 19 2
71	1 2 1 1 3 6 4 17
72	4 1 1 3 23
73	5 1 1 5 35
74	4 1 1 6 32
75	3 2 3 9
76	1 3 41
77	2 4 14
78	1 2 2 14
79	7 1 13
80	7 1 10

C99 힘세고 미끌미끌한 걸 잡았어요!

난이도 ★★★★★

70×80

Column clues (left to right, each read top to bottom)

23 20 5 5
21 10 5 6 3 5 5
19 3 4 5 6 5 5
18 4 1 2 6 15 5 5
17 2 1 1 1 1 10 17 5 5
17 1 1 1 1 1 11 17 5 5
17 2 1 1 1 1 11 18 5 5
17 2 2 2 1 1 1 8 7 7 5 5
16 4 1 4 2 1 6 5 5 5 5
13 8 2 7 5 4 4 5 5
9 14 2 2 4 5 4 5 5
8 19 6 2 7 11 5
7 31 2 11 3 4 5
6 20 9 12 2 4
5 20 4 3 2 8 12 3
5 12 7 2 3 4 1 1 5 5 2
4 12 2 3 1 4 5 7 5 2
4 11 1 2 2 3 2 2 2 1 17 5
4 10 2 1 2 6 4 2 14 2 9
3 11 1 4 4 1 5 2 10 4 12
3 11 4 2 2 5 2 5 2 7 11
3 10 2 3 1 6 2 5 7 2 11
3 9 4 1 2 3 2 1 6 4 10
3 9 1 2 2 3 2 2 2 13 10
3 9 2 1 1 2 4 2 3 4 3 10
4 8 1 1 3 4 4 5 3 4 9
4 8 1 4 3 5 3 6 5 2 9
4 8 1 4 3 6 3 4 2 2 9
5 8 1 3 8 3 2 2 3 9
5 9 17 7 9
5 11 7 4 9
5 9 3 7 4 1 8
5 9 13 4 2 8
6 12 2 5 3 3 8
6 12 3 2 4 8
7 10 3 2 5 6
7 9 2 2 9 7
8 4 2 2 5 4 8
9 5 2 2 4 4 9
13 7 4 3 5 9
13 9 3 3 3 9
13 2 2 2 2 3 3 10
12 2 2 2 3 4 3 10
12 1 3 2 2 3 4 10
12 1 3 2 3 5 10
12 1 4 2 3 7 7 11
12 2 5 6 4 2 11 11
13 1 14 4 1 4 3 11
6 6 2 12 4 1 4 10 11
5 1 6 2 10 6 5 5 4 11
4 1 7 2 7 13 2 12
2 3 8 2 5 12 1 13
1 4 9 3 2 12 7 2 11
1 3 10 4 12 24 9
5 6 6 12 1 9 5 3 6
3 5 3 4 1 9 2 2 5 5 6 4
3 1 4 6 3 1 2 2 5 5 5 6 2
1 1 2 1 10 3 2 4 13 5 6 2
1 1 2 2 7 4 9 8 5 5 6 3
1 1 1 1 2 3 16 2 2 5 5 6 4
1 4 2 7 5 13 2 2 5 5 6 4
2 1 10 2 2 10 2 2 5 5 6 4
1 1 2 3 2 1 1 5 2 2 20 4
2 2 2 4 2 3 2 2 1 4
1 2 1 1 3 2 3 3 2 1 4
2 3 2 9 1 9 2 20 4
3 4 2 11 2 5 2 2 5 5 6 4
5 20 3 2 3 2 5 5 6 4
8 14 2 3 3 2 5 5 6 4
12 10 12 2 5 5 6 4

Row clues (top to bottom)

54 6 6
52 3 3 5
51 8 2 4
19 26 4 2 3
16 6 22 4 3 1 3
14 12 16 2 5 2 2
13 18 13 3 1 1 2
12 22 12 2 1 2 1 2
11 25 16 4 2 1
10 26 15 2 1 1
10 27 16 1 4 1 1
10 27 16 5 2 1 1
10 27 3 9 2 4 2
9 12 10 5 7 2 2 2
9 11 4 8 3 3 6 2 1 5
9 8 2 1 4 3 3 2 4 3 10
8 8 3 2 4 3 5 2 1 3 4 3
4 8 2 4 5 10 3 4 1 4
3 11 3 2 4 4 3 7 2 4
2 2 11 3 2 1 3 3 6 4 5
2 1 8 6 3 3 1 4 5 10
1 6 7 1 2 1 4 5 3 2 10
1 2 9 2 3 1 1 3 3 4 3 1 7
2 8 2 2 1 4 4 1 1 5
1 4 7 4 3 3 5 2 3 4
1 11 6 3 4 5 2 2 4
1 7 2 4 4 14 5 3
1 6 2 2 5 3 11 3 6
1 2 1 3 7 2 6 8 2
1 1 1 15 2 5 2 2 3 1
1 6 1 2 11 3 5 3 2 2 2 1
2 3 3 2 8 3 5 3 1 1 3
2 7 2 7 2 4 4 2 2 2
1 5 8 3 4 2 4 7 4 2 2
2 2 6 3 4 2 2 4 9 4 3 1
4 4 6 2 2 3 11 5 2 1
4 3 4 3 3 2 13 5 3 1
4 3 5 8 2 14 5 3 1
5 3 8 4 2 6 7 5 2 2
6 2 6 3 1 6 5 5 1 3
7 2 3 1 2 3 2 5 5 4
9 1 3 1 2 2 2 5 5 4
9 1 4 4 1 1 2 8 1 3 1
11 12 1 2 4 2 2 2
4 4 2 6 4 4 2 3 2
2 1 4 2 4 3 3 2 2
2 4 2 3 3 2 2 2
2 2 3 2 4 3 4 4
1 5 7 2 4 2 2 2 4
1 9 8 1 4 3 1 2 3
1 13 8 1 4 2 1 18
1 12 1 9 1 2 2 18
1 6 10 6 1 2 2 3 2
1 5 4 1 2 2 1 1 2 1 2 1
2 5 4 4 1 1 2 2 1 17
2 4 4 3 1 2 1 4 10 5
2 4 3 4 3 2 3 10 5
2 4 3 2 2 5 4 10 5
2 4 2 2 1 4 2 10 5
2 5 2 3 3 2 1 1 1
1 6 1 3 4 2 1 1 1
1 7 2 3 3 10 5
1 11 3 4 10 5
13 3 3 10 5
12 4 2 10 5
12 4 3 10 5
1 1 1 2 2 1 1
1 1 2 3 1 1
12 6 2 10 5
13 4 3 8 9 5
13 4 6 12 9 5
13 3 13 16 8 5
17 36 8 5
2 36 8 5
2 37
13 2 38
14 39 13
15 39 13
15 19 21 12
15 19 20 11

C100 불을 뿜는 괴물과 싸워요

난이도 ★★★★☆

80×70

C101 하루를 마무리하며 가족과 함께 시간을 보내요

난이도 ★★★★★

80×70

C102 맨 뒷사람을 잡아야 해요

난이도 ★★★★★

80×70

NEMONEMO

해답

LOGIC PLUS

PART A

A1 앵무새

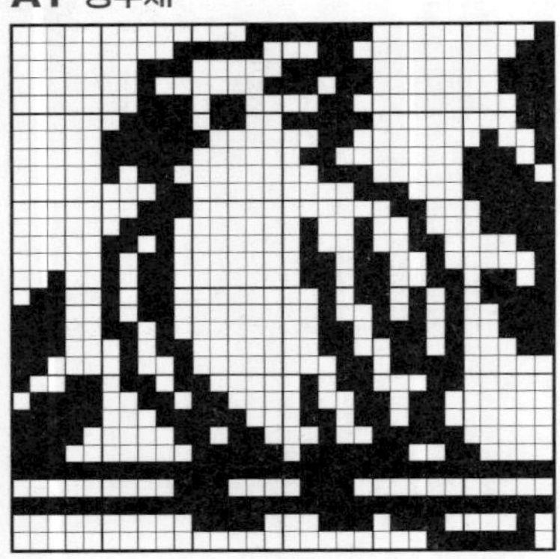

A2 화살

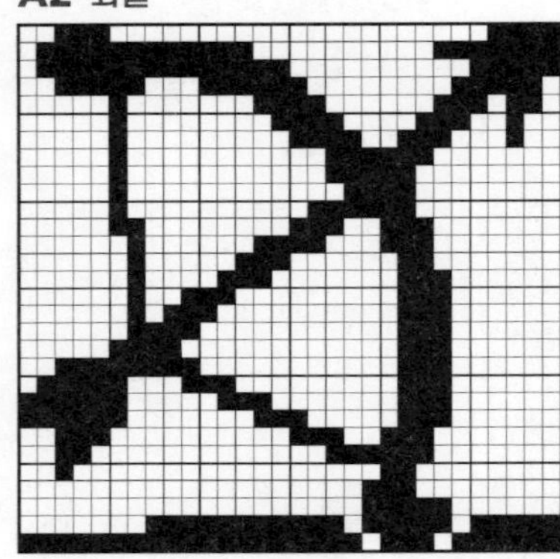

A3 해골

A4 하트 날개

A5 달팽이

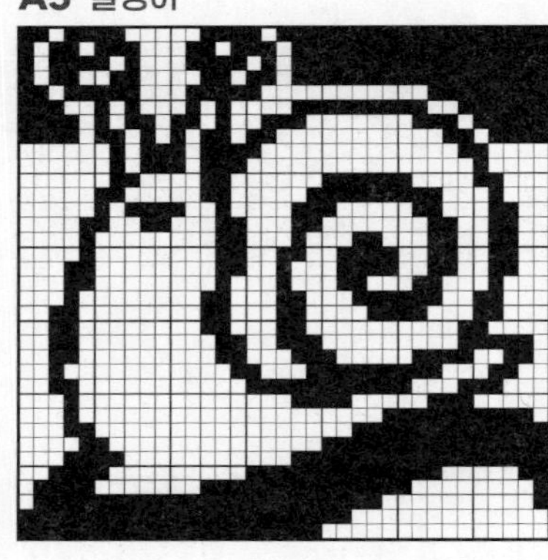

A6 스탠드

A7 코코넛

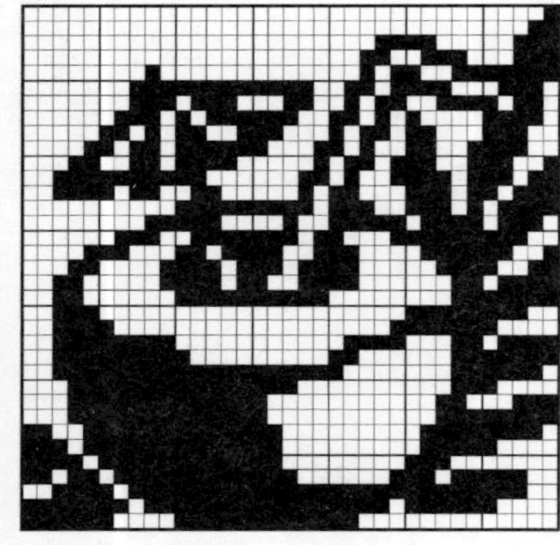

A8 도넛

A9 스위치

A10 못과 망치

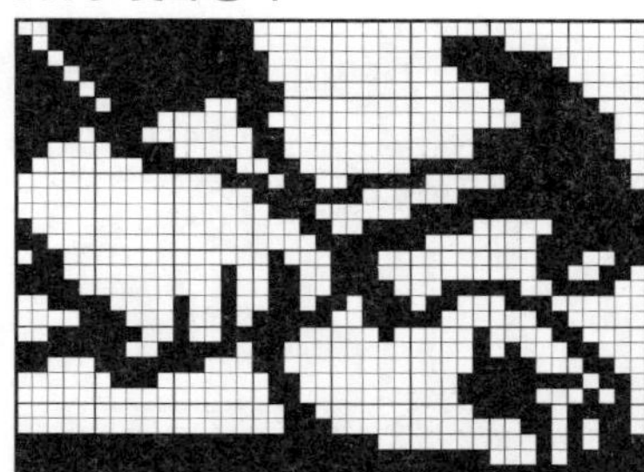

A11 기타

A12 투표

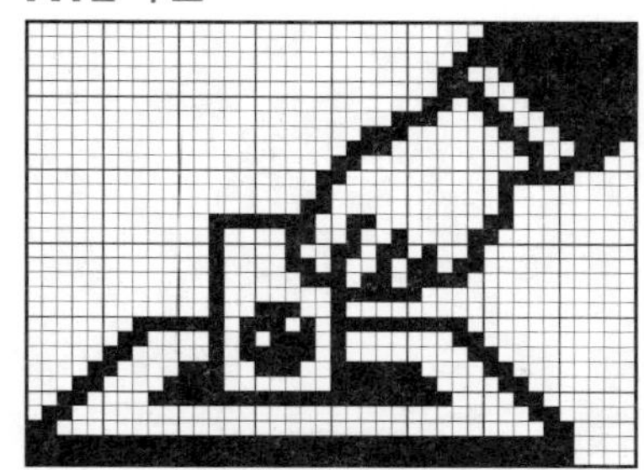

A13 트로피와 메달

A14 빗자루

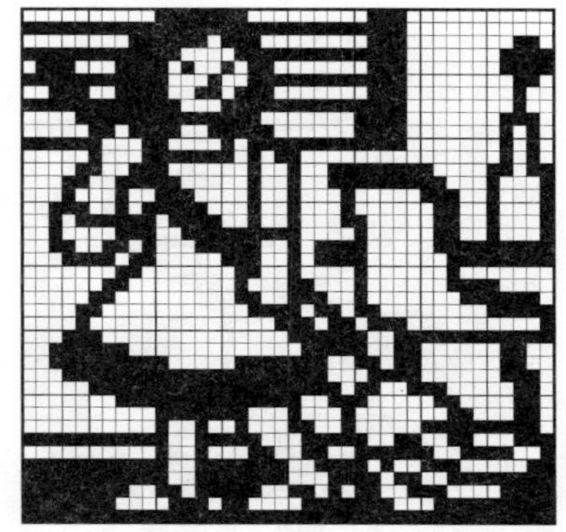

A15 테니스

A16 판다

A17 아이디어

A18 하품

A19 마스크

A20 마이크

A21 고라니

A22 열정

A23 사자

A24 쓰레기 버리기

A25 펭귄

A26 로보트

A27 운동화

A28 고래

A29 종이배

A30 스케이트보드

A31 장미

A32 안대

B33 배낭

B34 드립커피

B35 우울

B36 호루라기 불기

B37 안전모

B38 비눗방울

B39 플루트 연주

B40 히치하이크

B41 경례

B42 + B43 소방차

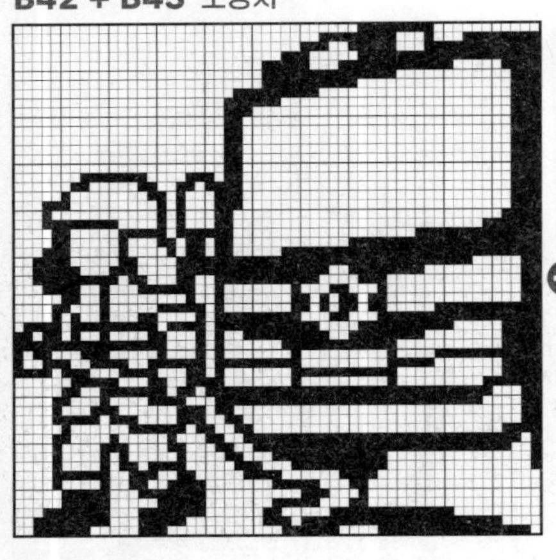

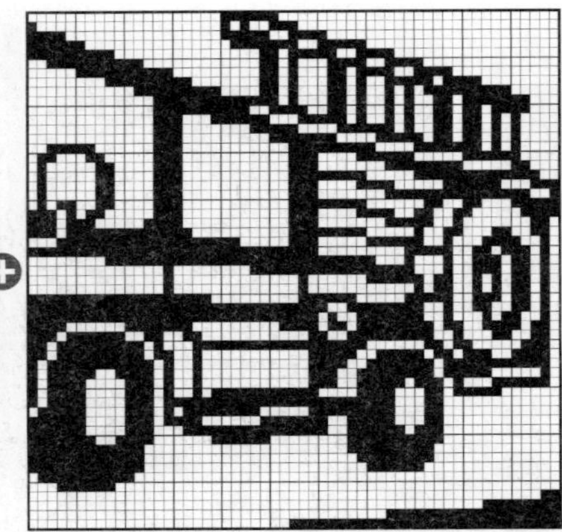

B44 돼지 목에 진주 목걸이

B45 산양

B46 신사임당

B47 경찰

B48 우주인

B49 다도

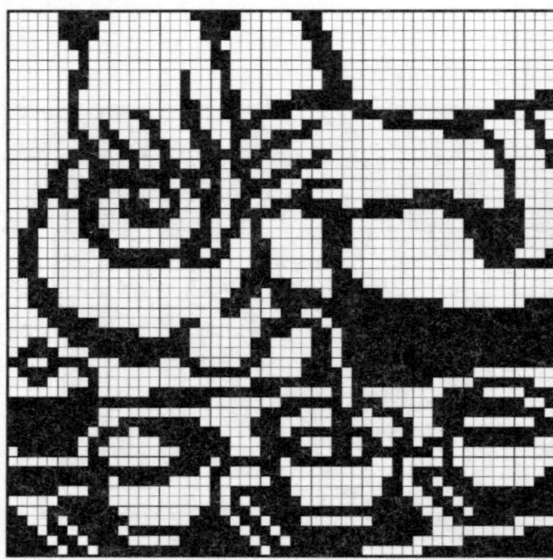

B50 구둣방

B51 빨래 널기

B52 창가의 고양이

B53 심판

B54 선탠

B55 꽃병

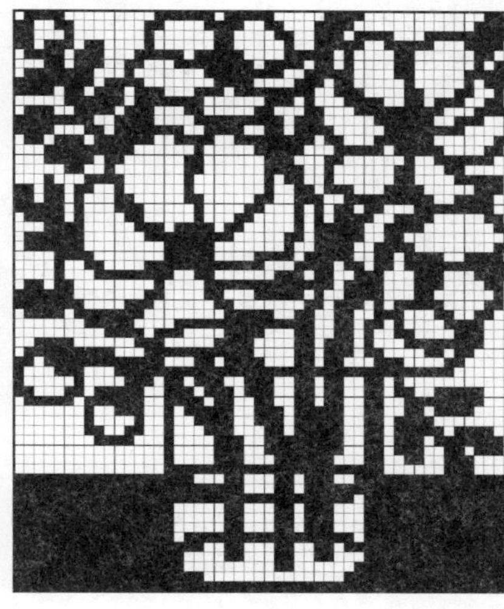

B56 전기톱

B57 치타

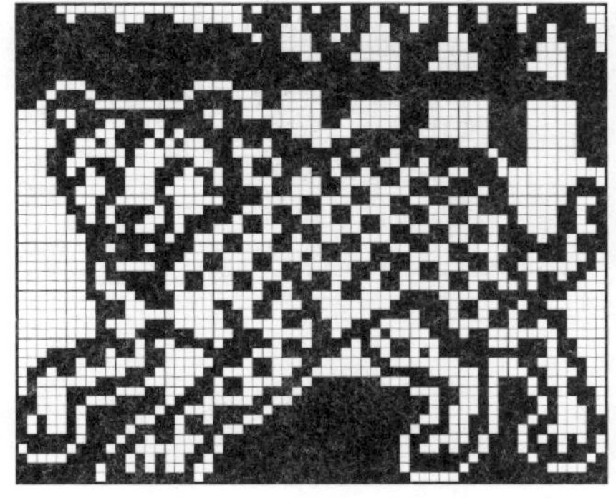

B58 굴렁쇠

B59 튜브

B60 요가

B61 윗몸 일으키기

B62 프린터

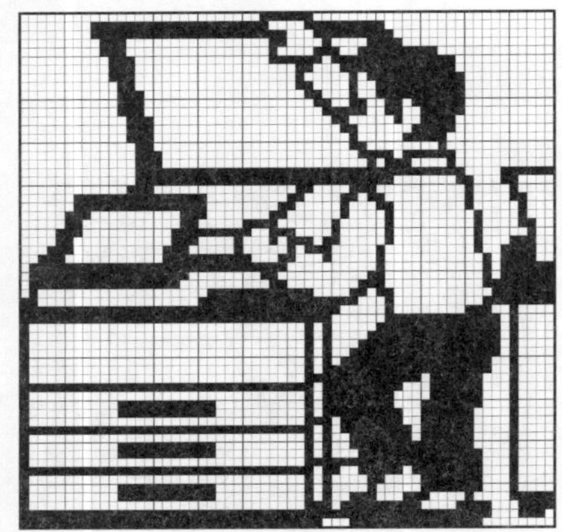

B63 미용사

B64 풍차마을

B65 결혼

B66 + B67 운동회

B68 세배

B69 수의사

B70 러닝머신

B71 황소

B72 유니콘

B73 산책

B74 음악 감상

B75 수주대토

B76 대장간

C77 달리기

C78 제기차기

C79 눈 맞춤

C80 아쿠아리움

C81 서핑

C82 닭싸움

C83 판사

C84 말뚝박기

C85 그네 타기

C86 기상캐스터

C87 텐트

C88 우쿨렐레

C89 도서관

C90 숨바꼭질

C91 테니스

C92 재봉틀

C93 수렵도

C94 씨름

C95 스코틀랜드

C98 모터쇼

C96 + C97 물총

C99 문어 잡기

C100 용과 기사

C101 저녁 식사

C102 꼬리 잡기